ME ESCRIBO
PARA NO MORIR

ExLibric

YÓNATAN MUÑOZ ROMERO

ME ESCRIBO
PARA NO MORIR

EXLIBRIC

ANTEQUERA 2025

ME ESCRIBO PARA NO MORIR
© Yónatan Muñoz Romero
Diseño de portada: Dpto. de Diseño Gráfico Exlibric

Iª edición

© ExLibric, 2025.

Editado por: ExLibric
c/ Cueva de Viera, 2, Local 3
Centro Negocios CADI
29200 Antequera (Málaga)
Teléfono: 952 70 60 04
Fax: 952 84 55 03
Correo electrónico: exlibric@exlibric.com
Internet: www.exlibric.com

ISBN: 979-13-87944-12-4
Depósito Legal: MA 1174-2025

Impresión: PODiPrint
Impreso en Andalucía – España

Nota de la editorial: ExLibric pertenece a Innovación y Cualificación S. L.

YÓNATAN MUÑOZ ROMERO

ME ESCRIBO
PARA NO MORIR

Dedicatoria

Me escribo para no morir es un tributo a todo lo vivido, a las personas que, de una forma u otra, han dado forma a mi corazón y a mi espíritu. Aunque las historias no siempre terminan como uno quisiera, cada experiencia me ha dado algo invaluable.

Sigo adelante, llevando conmigo esas huellas en el tiempo, sabiendo que soy una suma de todos esos encuentros, y agradecido por el amor que, aunque a veces distante o en silencio, sigue presente en cada paso que doy.

Esta historia, que un día fue una herida abierta, puedo hoy compartirla gracias a una persona muy especial: Raven, el amor de mi vida. Desde el momento en que llegó, trajo consigo una luz que me ayudó a encontrar las palabras y la fuerza necesarias para terminar este libro.

Raven no solo es mi musa; es mi compañera, mi refugio, y la razón por la que ahora puedo mirar hacia el futuro con ilusión. Su amor y su apoyo me han dado un propósito renovador. Con ella a mi lado, siento que estoy empezando a escribir otra parte de mi vida.

El comienzo de todo

Nací en un mundo que, desde el primer momento, parecía dividido. Mis padres, Luis y María, atrapados en sus propios problemas, no podían ofrecerme el hogar que necesitaba. Tenía apenas una semana de vida cuando mis tíos Juan y Bea me acogieron, convirtiéndose en las figuras más importantes de mi vida. En ese instante, sin que yo lo supiera, se forjaba el vínculo más fuerte y duradero que jamás hubiera imaginado.

Mis tíos me cuidaron como si fuera uno de sus propios hijos. Me dieron un hogar, una familia, y lo más importante, me dieron amor. Aunque ya no los llamo «mamá» y «papá», en mi corazón siempre ocuparán ese lugar.

Ellos me enseñaron lo que significa ser parte de una familia. Me hicieron sentir, desde el primer día, que era uno más entre mis primos.

Veía a mis padres pocas veces, y esas visitas, aunque siempre deseadas, dejaban en mí una mezcla de sentimientos. Había un anhelo por entenderlos, sentirme cercano a ellos, pero también el reconocimiento de que mi verdadera vida estaba con mis tíos. Ellos fueron los que me enseñaron a caminar, los que me recogían de la escuela, los que calmaban mis inquietudes.

Sin embargo, guardo recuerdos preciados de mi padre, sobre todo de los días en los que me llevaba con él a trabajar. Aunque no lo veía con frecuencia, cuando lo hacía, me mostraba su mundo. Me enseñaba su labor, y con el tiempo, hasta aprendí a manejar el coche de caballos con él. Esos momentos, aunque fugaces, eran especiales. Sentía una conexión con él, una sensación de orgullo al estar a su lado, aunque el resto de nuestras vidas siguiera caminos separados.

Era un niño revoltoso, siempre lleno de energía. Rompía cosas, hacía travesuras y no les daba ni un momento de paz a mis tíos. Sin embargo, a pesar de mi torbellino de travesuras, ellos siempre me querían. Ese amor incondicional me envolvía todos los días, cuando me llevaban desde el parvulario hasta la primaria. Me esperaban a la salida y siempre encontraban tiempo para mí, aunque tuviera un millón de preguntas o proyectos desastrosos en mente.

Mis primos eran más que compañeros de juegos; ellos fueron mis primeros amigos, mis confidentes y los hermanos que nunca tuve. Juntos hacíamos de cada día una nueva aventura. En esos primeros años de vida, sin saberlo, estaba aprendiendo lo que significaba amar y ser amado, y esos aprendizajes me seguirían acompañando cuando, más adelante, el destino me llevara a cruzar caminos con Lucía, el gran amor de mi vida.

La envidia y la compañía
de la infancia

De niño, había una mezcla de emociones que me acompañaban en mi relación con mi prima pequeña Cristina. A pesar de la alegría que compartíamos, también había un sentimiento que burbujeaba en mi interior: la envidia. Era imposible no notar cómo todo lo que le ponían a ella yo también lo deseaba con fervor.

Recuerdo que, si la vestían de vaquero, mi corazón se llenaba de anhelo por tener un atuendo igual. La veía lucir su disfraz con una sonrisa radiante, y yo no podía evitar imaginarme con la misma ropa, sintiendo que me faltaba algo al no poder compartir ese momento con ella. Lo mismo sucedía con las cosas más pequeñas: si llevaba una felpa, yo quería otra, y si se sentaba en la butaca, inmediatamente tenía que hacer lo mismo.

Incluso me daba por ponerme una peluca de trenzas que teníamos en casa. Aquella peluca se convirtió en un símbolo de mi deseo de estar más cerca de ella, de ser parte de su mundo. Al ponérmela, sentía que compartía su alegría y que, de alguna manera, nos unía aún más.

A pesar de la envidia, había algo muy especial en nuestra relación. Recuerdo aquellas tardes en las que nos sentábamos juntos en la mecedora que teníamos en casa. Era un momento mágico, en el que el tiempo parecía detenerse y todo lo demás desaparecía. A veces, nos reíamos sin razón aparente, simplemente disfrutando de la compañía del otro.

Cuando trajeron otra mecedora, fue un nuevo capítulo en nuestra historia. Ahora, cada uno tenía su propia silla, pero la complicidad seguía ahí. La risa y los juegos no se detenían; simplemente se multiplicaban.

Para dormir, mis noches eran completas si estaba junto a ella en su cuna. Era un refugio de confort y seguridad. Aquellos momentos de cercanía, compartiendo sueños y susurros, forjaron un lazo que sentía irrompible. A pesar de nuestra corta diferencia de edad, la conexión que teníamos era única, y esos recuerdos siempre ocuparían un lugar especial en mi corazón.

Aventuras de la infancia

Cuando era un crío, había una persona que iluminaba mis días: mi prima hermana Sara, la mediana. La conexión que teníamos era especial; éramos inseparables. Ella se convirtió en mi compañera de aventuras en una etapa de mi vida llena de descubrimientos.

Me llevaba a todas sus quedadas con sus amigas y siempre había algo nuevo y emocionante por hacer. Desde el momento en que me decía «¡vamos!», una ola de emoción me invadía. Recuerdo aquellos días soleados en el parque, rodeados de risas y juegos. Las horas pasaban volando mientras corríamos y explorábamos cada rincón, creando recuerdos que atesoraría para siempre.

Además de nuestras escapadas al aire libre, también pasamos mucho tiempo en locales donde había ordenadores. Me fascinaba cómo su entusiasmo por la tecnología me arrastraba a un mundo nuevo. A veces, nos quedábamos horas explorando juegos, aprendiendo cosas nuevas y compartiendo nuestras primeras experiencias en el mundo digital. Esa curiosidad compartida fue una parte fundamental de nuestra relación.

Cada vez que entraba en uno de esos locales, sentía que estaba a punto de vivir una nueva aventura. Era emocionante aprender juntos y descubrir las maravillas que la tecnología ofrecía.

Esa etapa de mi vida, marcada por la cercanía con mi prima, me enseñó el valor de las conexiones familiares. Aunque éramos diferentes en muchos aspectos, nuestras aventuras compartidas nos unieron de maneras que nunca podría haber imaginado. La alegría de pasar tiempo juntos generó un lazo fuerte y duradero.

El encuentro con un ángel

Una buena mañana de verano, en el colegio, me encontraba sentado en uno de los escalones del patio de recreo. Estaba solo, como la mayoría de las veces. El sol brillaba fuerte, pero nada me había preparado para lo que estaba a punto de suceder. A pocos metros de mí apareció un ángel. No era una visión ni un sueño; era ella, sentada junto a sus amigas.

Su cabello dorado relucía como si el mismo sol se hubiese acercado a mí. Era oro puro. Un brillo tan intenso que parecía iluminar todo a su alrededor. Pero lo que verdaderamente me dejó sin aliento fueron sus ojos. Esos ojos, de un verde esmeralda, parecían contener todos los secretos de la belleza misma. No tengo palabras suficientes para describir lo hermosa que era; su presencia me dejó completamente cautivado.

Lo primero que llamó mi atención fue su sonrisa, tan blanca y perfecta, que me volvía loco solo de verla. Esa sonrisa se extendía de mejilla a mejilla, llenando el aire con una alegría indescriptible. Un pequeño lunar en su rostro la hacía aún más única. Y luego la escuché reírse con sus amigas, una risa que resonaba en mis oídos como música celestial. No podía dejar de mirarla, era como si un hechizo se hubiera apoderado de mí.

Observaba a Lucía desde lejos; todo a mi alrededor parecía detenerse, como si el tiempo solo existiera para mí y para ella. El sol del mediodía bañaba el patio de la escuela, pero cuando sus ojos se cruzaron con los míos, el calor del verano pareció insignificante comparado con el fuego que sentí dentro. Cada detalle de su rostro estaba grabado en mi mente: el suave movimiento de su cabello con la brisa, la forma en la que sus pestañas temblaban cuando sonreía...

«Siento que el suelo bajo mis pies desaparece», pensé por dentro. No podía apartar la mirada de su sonrisa, blanca, perfecta; pero no era solo su belleza lo que me atrapaba, era esa chispa en sus ojos, esa risa que llenaba el aire como una melodía que nunca había escuchado antes, pero que sabía que jamás olvidaría. Fue en ese momento cuando supe, sin dudar, que ella sería una presencia en mi vida que nunca podría dejar ir.

Ese día, mientras me sentaba solo, nunca pensé que conocería a alguien que cambiaría tanto mi vida. Lucía, con su risa brillante y su presencia casi angelical, hizo que mi mundo, que hasta entonces parecía pequeño y limitado, se expandiera. Aunque nunca lo dije en voz alta, en ese momento supe que la amaba. La pregunta no era cuándo había comenzado, sino cómo no había sentido algo así antes.

Nuestros ojos se encontraron y en ese momento sentí algo mágico dentro de mí. Fue como un escalofrío recorriéndome la piel, una señal de que algo increíble estaba a punto de suceder. Ella se acercó a mí y comenzamos a conversar. En ese preciso instante, sin darnos cuenta, nos volvimos inseparables. Lo que comenzó como una simple conversación pronto se convirtió en algo mucho más profundo.

Cada mañana, el recreo era una oportunidad para estar juntos. Ya no podía imaginar mis días sin verla. Lucía no solo alegraba mis mañanas, sino que transformaba completamente mi vida. Se había convertido en la razón por la que me levantaba cada día con una sonrisa. Desde que la conocí, mis noches se llenaron de estrellas y mi corazón encontró un nuevo ritmo.

Recuerdo cómo, en los primeros días de la escuela de primaria, Lucía pasaba corriendo por el patio de recreo. Cada vez que su cabello ondeaba con el viento, un aroma suave y floral llegaba a mí. Era un perfume que no había olido antes, fresco como la primavera y con un toque dulce, casi como si la misma brisa lo llevara solo hacia mí.

Ese olor se quedó conmigo mucho después de esos días. Incluso ahora, cuando paso por una tienda y percibo un aroma similar, mi mente viaja automáticamente a aquel patio, donde me sentaba esperando que ella me sonriera. No importa cuánto tiempo pase, ese perfume sigue siendo el ancla que me trae de vuelta a esos momentos.

Poco después de conocerla, me mudé a otro barrio con mis tíos. Tenía miedo de perderla para siempre, de que la vida me la arrebatara justo cuando la había encontrado. Pero el destino, caprichoso como siempre, decidió jugármela de otra manera. Resultó que Lucía y yo nos convertimos en vecinos. No podía creerlo, era como si el universo se hubiera puesto de acuerdo para acercarnos aún más.

Desde ese momento, nos veíamos cada mañana y cada tarde. Me invitaba a su casa a comer, cenar o simplemente a jugar. A veces, salíamos a dar una vuelta en coche y otras veces nos quedábamos solos en su casa cantando karaoke. Cada instante con ella me hacía sentir más y más unido a su presencia. Su sonrisa, su mirada... me volvía loco cada vez que nuestros ojos se encontraban.

Para cada cumpleaños, Navidad y San Valentín, nos hacíamos regalos y yo solía escribirle cartas llenas de mis sentimientos. Sin embargo, no todo era fácil. Su padre no me aceptaba, no quería verme a su lado. Pero, a pesar de la desaprobación, Lucía siempre eligió estar conmigo. Su amor y su presencia me daban fuerzas y nada, ni siquiera la oposición de su padre, podía cambiar lo que sentíamos el uno por el otro.

Bajo las estrellas

La vida con Lucía no solo estaba llena de momentos tiernos y de cercanía, también había espacio para la diversión y las travesuras. Recuerdo una noche en particular, cuando junto a nuestros amigos decidimos salir a la oscuridad de la noche para disfrutar de la libertad que nos ofrecía el verano.

Nos tumbamos en el césped que había detrás de nuestras casas, el mismo lugar donde tantas veces habíamos jugado y compartido secretos. Las estrellas brillaban sobre nuestras cabezas y el aire de la noche estaba cargado de esa energía juvenil que nos hacía sentir invencibles. Ahí, sintiendo el fresco de la noche en nuestra piel, hablando de todo y de nada al mismo tiempo, había algo más: una conexión que no necesitaba palabras.

En medio de las risas, se nos ocurrió gritar hacia las ventanas de las casas que quedaban frente a nosotros. Al principio, todo fue una simple broma, una manera de desafiar el silencio de la noche. Pero cuando, de repente, una de las ventanas se abrió y alguien se asomó, el miedo y la adrenalina nos invadieron. Sin pensarlo dos veces, todos nos levantamos y salimos corriendo, como si nuestras vidas dependieran de ello, entre risas nerviosas y el corazón latiendo a mil por hora. Al mirar a Lucía mientras corríamos, supe que estos eran los momentos que recordaría para siempre: noches donde solo existíamos nosotros, sin preocupaciones, solo el presente.

Eran esas pequeñas aventuras las que me hacían sentir invencible. Cada risa y cada mirada compartida eran una prueba de que no estaba solo, de que tenía a alguien que, sin importar lo que pasara, me acompañaba. Y en medio de todo ese caos y diversión, había algo más profundo que me hacía aferrarme a esos momentos, como si en ellos se escondiera la clave para entender todo lo que sentía.

Dulce melodía de chocolate

Desde el momento en que conocí a Lucía, mi vida se transformó en una serie de momentos mágicos, cada uno mejor que el anterior. Parecía que todo a mi alrededor cobraba vida, como si el aire fuera más puro y el sol brillara solo para nosotros. Los días y las noches se deslizaban en un susurro eterno y nuestra energía era inagotable.

Recuerdo cómo me sentía cada vez que la veía. No podía evitar sonreír mientras pedaleaba en mi bicicleta, dejándome llevar por el ritmo de una canción que repetía en mi mente: «Si mis labios fueran de chocolate, se derretirían en su boca». Me encantaba cantarla con entusiasmo, como si las palabras mismas pudieran volar hasta ella. Era mi manera de expresar el torrente de emociones que Lucía despertaba en mí, un sentimiento tan fuerte que no podía, ni quería, contener.

Había algo perfecto en nuestra simplicidad. Corríamos juntos, riendo y persiguiéndonos como dos niños que acababan de descubrir la alegría pura. Era como si el tiempo no existiera y cada segundo que pasábamos juntos quedaba grabado en mi corazón. Sin importar si era de día o de noche, todo se convertía en una aventura y su risa llenaba cada rincón de mi mundo.

El amor en los pequeños detalles

El amor verdadero no se muestra solo en los grandes momentos, sino en los pequeños gestos que hacen que cada día sea especial. Una noche, cuando me encontraba enfermo, descubrí lo mucho que significaba para Lucía.

Había caído en cama con fiebre y el malestar no me dejaba en paz. Estaba en casa, sintiéndome débil, y lo único que podía hacer era esperar a que el malestar pasara. Pero entonces, la puerta sonó suavemente. Me sorprendió encontrar a Lucía en la entrada, con esa misma sonrisa que siempre iluminaba mi día, incluso en los momentos más difíciles.

No podía quedarse mucho, pero antes de irse, hizo algo que nunca olvidaré. Sacó un pequeño papel y, con su delicada caligrafía, escribió unas palabras que me llenaron el alma de calor. «Que te mejores», decía, seguido de un «te quiero» y un pequeño dibujo de un beso. No eran muchas palabras, pero en ese simple gesto, Lucía me demostró una vez más lo profunda que era su conexión conmigo.

Ese papel, que guardé con cariño, se convirtió en uno de mis mayores tesoros. No importaba lo mal que me sintiera físicamente, su amor me curaba de una forma que nunca lograría ningún medicamento. Ella no solo estaba a mi lado cuando las cosas iban bien, sino también en los momentos más difíciles, y eso hacía que nuestro vínculo fuera aún más fuerte.

El adiós inesperado

Diciembre había llegado y, con él, mis doce años. Era un mes especial, con la magia de la Navidad en el aire. Estaba en la escuela, disfrutando de la rutina diaria de ver a Lucía, cuando vi a mi madre aparecer en la puerta del colegio. No sabía qué quería, pero cuando me llamó, comprendí que todo estaba a punto de cambiar para siempre. Venía a llevarme a vivir con ella y con mis hermanos. Aunque sus ojos no reflejaban la calidez que imaginaba cuando pensaba en el regreso a casa, sabía que debía irme con ella, que era lo correcto.

Con mi partida, dejaba atrás a mis tíos, mis primos y, sobre todo, a Lucía. Mis manos temblaban cuando me despedí de mis amigos, pero no fui capaz de mirarla; sabía que, si lo hacía, vería todo lo que estaba perdiendo reflejado en sus ojos. Mis labios quisieron formar palabras, pero nada salió. ¿Cómo se explica que estás dejando atrás lo que más amas sin siquiera querer hacerlo? Subí al coche sin mirar atrás, pero todo dentro de mí gritaba por ella. Me despedí de la vida que conocía, sin entender del todo el vacío que dejaría atrás.

Cada kilómetro que nos alejaba de mi antigua vida era una daga más en mi corazón. Aunque estaba con mi madre y hermanos, una parte de mí seguía en esa escuela, sentada en ese escalón, esperando a que Lucía se acercara.

Al irme con mi madre, conocí a mi hermano pequeño, a quien pronto llamaría «mi peque», el mejor hermano que podría haber tenido. Sin embargo, esos seis años con mi madre, desde los doce hasta los dieciocho, fueron una época de sacrificio y sufrimiento silencioso. Me habían alejado de las personas que más quería y cada día lo sentía más profundamente.

Durante ese tiempo, mis pensamientos siempre volvían a Lucía. Día y noche soñaba con el momento en que volvería a verla, con la esperanza de que me estuviera esperando. Imaginaba el reencuentro, la sorpresa en su rostro cuando regresara y cómo continuaríamos nuestro amor desde donde lo habíamos dejado. Esa ilusión era lo único que me daba fuerzas.

Pero, mientras tanto, mi vida con mi madre no era fácil. Aunque me esforzaba en ayudar en casa y cuidaba a mi hermano pequeño, nunca me sentí realmente como parte de su vida. Para ella, parecía que yo no importaba. Apenas podía hacer una vida normal. Mi tiempo se dividía entre estudiar, ayudar en casa y llevar a mi hermano al colegio. No tenía amigos con los que salir ni tiempo para disfrutar de mi adolescencia. Apenas había comida en casa y la mayor parte de nuestra dieta consistía en pan.

Además de las dificultades en casa, la escuela se convirtió en un campo de batalla. Allí, sufrí mucho *bullying*. Al principio, fueron solo un par de comentarios hirientes y risitas a mis espaldas, pero pronto se convirtieron en algo mucho más cruel. Los mismos chicos que alguna vez podrían haber sido mis amigos me comenzaron a insultar, a empujarme y a burlarse de mí. En lugar de refugiarme en la escuela, me encontraba contando los minutos para que terminara el día y poder regresar a casa.

El acoso no solo afectó a mi autoestima, sino que también hizo que mi tiempo en la escuela fuera un constante ciclo de miedo y ansiedad. Intentaba ignorarlos y mantener la cabeza en alto, pero cada insulto me hacía sentir más pequeño y solo.

Pasaba las horas en clase soñando con los momentos felices que había compartido con Lucía, deseando que ella estuviera allí para darme un poco de consuelo y recordarme que no estaba solo en este mundo.

Afortunadamente, había personas que nos ayudaban. Recibíamos comida y ropa en los bancos de alimentos y en un centro de culto que estaba cerca. Fue en ese centro donde conocí a algunas personas que se convirtieron en amigos, aunque eran solo un puñado. Ellos me ofrecieron algo de compañía y, en ocasiones, una salida de mi rutina sombría. Me llevaron a campamentos donde experimentaba algo de alegría y diversión, y aunque esos momentos eran breves, representaban un respiro en una vida llena de sombras.

A medida que pasaban los años, el dolor del *bullying* y la soledad se mezclaron con la esperanza de reencontrarme con Lucía al cumplir dieciocho. Cada vez que veía a mi hermano pequeño sonreír, recordaba lo que era la felicidad y me aferraba a la idea de que algún día podría recuperar todo lo que había perdido.

La decisión que marcó la distancia

Al poco de irme a vivir con mi madre, una mezcla de nostalgia y anhelo me llevó a buscar el contacto de Lucía. Después de todo, habíamos compartido momentos significativos juntos y la idea de retomar nuestra amistad me llenó de esperanza. A través de Tuenti, comenzamos a hablar y aquellas conversaciones se convirtieron en un refugio en medio de la confusión de mi nueva vida.

Una noche, mientras charlábamos, Lucía me preguntó si volvería a ver a mis tíos. La pregunta resonó en mí como un fantasma del pasado. En ese momento, incrédulo y desorientado por las circunstancias que me rodeaban, le respondí lo que mi madre había repetido tantas veces: que no, que no volvería allí. Era una decisión que había tomado por un sentido de lealtad hacia mi madre, pero al mismo tiempo, sentí que estaba cerrando una puerta que quizás nunca debería haber cerrado.

A medida que pasaron los días, el silencio se instaló entre nosotros. Intenté volver a escribirle, a encontrar la forma de expresar lo que sentía, pero parecía que mis palabras se desvanecían en el aire. La distancia se sentía cada vez más amplia. Lucía no quería saber nada de mí. Esa realidad me golpeó con fuerza; cada mensaje sin respuesta se sentía como un recordatorio de que, a veces, las decisiones que tomamos pueden crear muros en lugar de puentes.

Mirando hacia atrás, comprendo que aquella decisión de no volver a ver a mis tíos no solo me alejó de ellos, sino también de una parte de mi vida que significaba mucho para mí. Había perdido no solo a Lucía, sino también la posibilidad de volver a conectar con esos lazos familiares que tanto anhelaba.

Aquel episodio se convirtió en una lección dura sobre la importancia de las elecciones que hacemos. En mi corazón, siempre quedaría el deseo de haber tomado otro camino, de haber seguido mi instinto y no dejar que el miedo o la lealtad mal entendida me guiaran.

Las palabras no dichas y los momentos perdidos pesaban en mí. A pesar de la distancia, nunca dejé de pensar en Lucía. Esa conexión que habíamos tenido, aunque frágil, había dejado una marca en mi vida. A veces, me preguntaba si ella también sentía lo mismo, si alguna vez recordaría esos días de risas y complicidad.

Ese capítulo de mi vida me enseñó que el amor y la amistad requieren valentía y que, a veces, el valor se encuentra en las decisiones que tomamos y en los caminos que elegimos seguir.

La llegada de Gabriel

Fue a los catorce años, en medio de la tormenta que era mi vida, cuando conocí a alguien que cambiaría todo: Gabriel. No sé si fue el destino o una simple casualidad, pero aquel día en que mi hermano mayor me lo presentó, supe que había encontrado a un amigo verdadero.

Gabriel no era como los demás. Tenía una sonrisa genuina que iluminaba su rostro y una energía contagiosa que me hizo sentir a gusto de inmediato. A medida que empezamos a hablar, descubrí que él también había pasado por momentos difíciles, pero a pesar de todo, mantenía una perspectiva optimista de la vida. En él encontré no solo un amigo, sino un hermano; alguien con quien podía compartir mis pensamientos y mis sueños.

A partir de ese momento, Gabriel se convirtió en mi confidente. Compartíamos risas y secretos. Y en medio de las burlas y el *bullying* que sufría, él siempre estaba allí para levantarme el ánimo. No importaba cuánto me molestaran los demás; su apoyo me recordaba que no estaba solo en esta batalla. Era como un rayo de luz en mi vida oscura.

Gabriel me enseñó a encontrar la fuerza en los momentos difíciles. Juntos pasábamos horas hablando sobre nuestros sueños y planes futuros, especialmente sobre cómo queríamos escapar de nuestras circunstancias. Hablábamos de aventuras y de un mundo más allá de las paredes del colegio, donde el *bullying* no existía y donde podíamos ser verdaderamente felices.

La conexión con Gabriel me ayudó a sobrellevar los años complicados con mi madre. Cuando me sentía abrumado, él siempre sabía qué decir para calmarme. Su amistad se volvió un refugio seguro. Poco a poco, empecé a ver el mundo de una manera diferente. Aprendí a reírme de las situaciones que antes me hacían sentir pequeño y, en su compañía, encontré el valor para enfrentar mis miedos.

Mientras mis pensamientos seguían volviendo a Lucía, sabía que Gabriel sería mi apoyo incondicional. A menudo, le contaba sobre ella. Sobre cómo había sido mi primer y único gran amor. Gabriel siempre escuchaba con atención y su comprensión me daba esperanza. A medida que se acercaba mi cumpleaños número dieciocho, sabía que tenía que estar preparado para ese reencuentro, pero al mismo tiempo, sabía que contaba con Gabriel a mi lado, listo para ayudarme en todo lo que necesitara.

Con él, aprendí que la amistad puede ser tan poderosa como el amor. Gabriel no solo me ayudó a enfrentar los retos del día a día, sino que también me dio el valor de ser yo mismo, sin miedo a las opiniones de los demás. En cada risa compartida y en cada conversación sincera, él me recordó que incluso en los momentos más oscuros, siempre hay un rayo de esperanza.

El amor de los profesores

Durante mi etapa en la secundaria, encontré un nuevo tipo de amor, uno que no esperaba pero que llegó en el momento justo. Aunque los años con mi madre fueron difíciles y el *bullying* me seguía acechando. En la escuela, el apoyo y la confianza de mis profesores se convirtieron en un faro de esperanza.

A diferencia de mis compañeros, los profesores vieron algo en mí que yo mismo no reconocía del todo. Cada vez que me acercaba a ellos, sentía que había alguien que realmente creía en mí, en mi potencial. Me animaron a explorar mis dotes artísticas, dándome la libertad de expresarme a través del dibujo y la escritura.

Recuerdo particularmente a una profesora de arte, que siempre me decía que tenía un talento especial. Me enseñó a observar el mundo de manera diferente, a plasmar mis sentimientos y experiencias en el papel. Sus palabras de aliento me hicieron sentir que tenía algo valioso que ofrecer, algo que podía compartir con el mundo.

Esos momentos en clase eran como un respiro en medio del caos que vivía fuera de la escuela. Cada trazo que hacía en el papel, cada poema que escribía, se convertía en una forma de escapar de la realidad, un refugio donde podía ser yo mismo. Mis profesores me ofrecieron un espacio seguro, donde podía experimentar y desarrollar mis habilidades sin miedo al juicio.

No solo me ayudaron a mejorar mis habilidades artísticas, sino que también me brindaron una red de apoyo emocional.

me escribo para no morir

Hablábamos sobre mis sueños, mis miedos y, a veces, incluso de Lucía. Ellos me escuchaban y me ofrecían consejos, compartiendo su propia sabiduría y experiencias. Su comprensión y empatía eran un recordatorio constante de que, a pesar de las dificultades, siempre había personas que se preocupaban por mí.

Este amor y apoyo me impulsaron a seguir adelante, a no dejar que el *bullying* me definiera. Cada vez que recibía elogios por mis dibujos o mis escritos, me sentía más fuerte y decidido a luchar por mi futuro. Comencé a participar en concursos de arte y escritura, y aunque al principio estaba nervioso, la confianza que mis profesores depositaron en mí me ayudó a superar mis miedos.

La secundaria, aunque llena de desafíos, se convirtió en un período de descubrimiento personal. Gracias al amor y a la atención de mis profesores, comencé a entender que el arte no solo era una forma de expresión, sino también una manera de sanar. Aprendí que incluso en los momentos más oscuros siempre había una luz que podía guiarme, y esa luz era el amor y el apoyo de aquellos que creían en mí.

Pedaleando hacia el pasado

Vivir con mi madre en esa época significaba estar lejos de muchas de las personas que amaba. Por más que intentara acostumbrarme, me era difícil dejar de pensar en mi familia y amigos, que seguían en el barrio donde crecí. Cada día, la distancia parecía crecer y, con ella, el deseo de regresar, aunque fuera solo un instante. Fue entonces cuando dos bicicletas entraron en mi vida.

La primera bicicleta me la regaló un primo, quizás viendo en mí la necesidad de libertad, de escapar de vez en cuando de las paredes de la casa en la que vivía con mi madre. Aquella bicicleta, vieja y desgastada, representaba para mí mucho más que solo un medio de transporte; era la oportunidad de recuperar una conexión que sentía perdida. Unos meses después, otra bicicleta llegó a mis manos. Esta vez, fue un regalo de la secretaria del colegio donde estudié de niño. Una mujer que siempre había sido amiga de mi madre y que, sin saberlo, me estaba dando una forma de reconectar con mi pasado.

Con esas bicicletas, empecé a hacer pequeñas escapadas, siempre a escondidas de mi madre. A veces, cuando el sol se empezaba a poner, tomaba el camino que me llevaba al barrio donde crecí. Visitaba a mis primos, a mis tíos y a los amigos que había hecho en aquellos años. Cada vez que pedaleaba hacia ellos, sentía una mezcla de emoción y adrenalina, como si estuviera escapando a hurtadillas de una realidad que me resultaba ajena. Sin embargo, aquel acto, tan sencillo y tan necesario para mí, no fue bien recibido en casa cuando finalmente se enteraron.

Compartía ambas bicicletas con mi hermano mayor; en realidad, compartía todo lo que tenía con él. Sabía que él también necesitaba esas pequeñas escapadas, aunque sus razones fueran diferentes a las mías. Sin embargo, cuando mi madre y mi hermano descubrieron que estaba usando las bicicletas para visitar a la familia, no se lo tomaron bien. No sé si fue el temor de que pudiera acercarme demasiado a los lazos que intentaban mantener a distancia o el miedo a que dejara de ser parte de su vida, pero lo cierto es que la respuesta fue tajante.

La primera bicicleta desapareció un día sin que me diera cuenta. La habían vendido. Poco después, la segunda sufrió el mismo destino. Me dolió perderlas, no por el objeto en sí, sino porque con ellas se había ido la libertad de escapar, de sentirme conectado a mis raíces. Mi madre también me castigó, manteniéndome en casa sin móvil y sin poder salir durante un tiempo. Aquel encierro fue duro, y más al saber que, para ella, la única manera de mantenerme cerca era evitar que tuviera cualquier contacto con la vida que tanto me hacía falta.

En cada pedalada que había dado, había sentido una especie de regreso a lo que verdaderamente era. Ahora, sin las bicicletas, ese regreso quedaba truncado. Sin embargo, aunque ya no tenía la posibilidad de ir físicamente, esos días y esas personas que había podido visitar, aunque fuera por un momento, siguieron vivos en mi mente.

Y fue en una de esas escapadas, antes de que desaparecieran las bicicletas, cuando ocurrió algo que no esperaba. Pedaleaba por el barrio, dejándome llevar por el recuerdo de mis días allí y entonces la vi. Ahí estaba ella: Lucía, tan hermosa como siempre. Mi corazón se detuvo por un momento, como si el tiempo

35

retrocediera seis años. Su cabello rubio resplandecía como oro bajo el sol, y sus ojos, esos ojos brillantes y llenos de vida, parecían reflejar toda la luz de la tarde.

Ella no estaba sola. Caminaba de la mano de quien, en ese momento, era su novio. A su lado iba su hermana, pero apenas podía verlos, porque mis ojos solo se fijaban en ella. La veía sonreír, y en su mirada había una alegría tan natural, tan sincera, que no pude evitar sentir una mezcla de felicidad por verla y de tristeza por el tiempo y la distancia, que nos habían separado.

Mientras la miraba desde lejos, mis amigos, con las sonrisas cómplices de quienes conocen mis secretos mejor guardados, se me acercaron y me dijeron, entre risas: «Mira, Lucas, ahí va tu novia, tu Lucía». Aquellas palabras me hicieron sonreír, pero también me dolieron. En ese momento comprendí que el amor que alguna vez sentí por ella no se había desvanecido, solo había estado esperando en algún rincón de mi corazón, listo para despertar con una sola mirada.

Me enamoré de un ángel

Fue durante uno de esos días en la secundaria cuando las palabras comenzaron a fluir en mi mente como un torrente de emociones. Estaba en clase de literatura, rodeado de compañeros que hablaban de sus propias historias, pero mi mente solo podía pensar en una: Lucía. Y así, de repente, sentí la necesidad de expresar lo que llevaba dentro.

El primer poema que escribí fue para ella y lo llamé «Me enamoré de un ángel». En aquel momento, no sabía que ese poema se convertiría en un tesoro para mí, una forma de encapsular lo que sentía en el corazón.

Con cada verso, intentaba plasmar la esencia de su belleza y la magia que había traído a mi vida. Las palabras brotaban con una sinceridad que solo el amor puede inspirar. Hablaba de su cabello dorado, que brillaba como el oro bajo el sol, y de sus ojos verdes, que iluminaban mis días oscuros. Recordaba esos momentos compartidos en el patio de la escuela, donde su risa era música para mis oídos y su sonrisa un refugio cálido.

El poema se convirtió en una forma de mantener viva la conexión con ella, incluso en la distancia. A menudo, lo releía y me transportaba a esos días felices, donde solo existíamos nosotros dos en nuestro pequeño mundo. Era como un mantra que me recordaba que, a pesar de las adversidades que enfrentaba, siempre había un amor puro que me esperaba.

Decidí compartir el poema con Gabriel, quien se convirtió en mi primer crítico. Al leerlo, sus ojos se iluminaron y supe que había hecho algo especial. «Tienes talento, hermano. Lucía se va a enamorar de ti aún más», me dijo con una sonrisa. Sus palabras me llenaron de confianza y me hicieron sentir que quizás, solo quizás, mis sentimientos podrían llegar a ella de una manera aún más profunda.

Aunque no se lo di en persona, sabía que algún día tendría la oportunidad de compartirle ese poema, de entregarle un pedazo de mi corazón en forma de palabras. Para mí, «Me enamoré de un ángel» no solo era un poema, era una declaración de amor, un recordatorio de que, a pesar de la distancia y de los años, mi amor por Lucía siempre seguiría vivo.

La pérdida de un pilar

A los dieciséis años, mi vida dio un giro devastador. La noticia llegó como un rayo en un cielo despejado: mi tío Francisco había fallecido. El dolor era tan profundo que se sentía físico, como si el suelo se hubiera abierto bajo mis pies. En ese momento, me di cuenta de que había perdido a mi pilar fundamental, a esa figura que siempre había estado a mi lado, guiándome y apoyándome.

Mi tío era más que un simple familiar; era un amigo, un mentor, y la única persona en quien realmente podía confiar. Sus risas y abrazos reconfortantes eran mi refugio, y siempre encontraba tiempo para escucharme, para darme consejos y para recordarme que podía superar cualquier obstáculo. La idea de no poder despedirme de él me atormentaba. No hubo un último abrazo, ni una última conversación, solo un vacío que se cernía sobre mí.

La tristeza me envolvió como una sombra oscura. Durante semanas me sentí atrapado en un mar de melancolía. Sin él, la vida se tornó aún más difícil. Me cuestioné cómo podría seguir adelante sin su guía, sin su amor y sin su fe inquebrantable en mí.

Gabriel estuvo a mi lado en ese momento tan difícil, brindándome su apoyo incondicional. Recuerdo una tarde en particular en la que simplemente nos sentamos en el parque, en silencio, mientras yo trataba de procesar la pérdida. Su presencia fue un bálsamo en medio de mi dolor. Aunque no siempre tenía las palabras adecuadas, sabía que estaba allí para mí, y eso significaba el mundo.

A medida que los días se convertían en semanas, traté de honrar la memoria de mi tío a través de mis escritos. Escribir se convirtió en mi refugio, una forma de lidiar con el duelo. Cada poema que plasmaba en el papel era un intento de capturar la esencia de su vida y la falta que me hacía. Pero, a medida que pasaba el tiempo, ese dolor se transformó en algo más. Comencé a utilizarlo como combustible para mi arte.

Las emociones que una vez me abrumaron se convirtieron en la chispa que encendía mi creatividad. Cada trazo que hacía en el papel, cada palabra que escribía llevaba consigo un fragmento de mi dolor, pero también una celebración de su vida. Mis sentimientos de tristeza y añoranza se convirtieron en tinta. A través de la poesía y el dibujo, sentí que podía mantener viva su memoria de una manera significativa.

Aunque el dolor era profundo, también comenzó a surgir en mí una chispa de determinación. Recordé las enseñanzas de mi tío, su pasión por la vida y su fe en mí. Esa conexión nunca se rompería, y sabía que él querría que siguiera adelante, que luchara por mis sueños y por la felicidad. Esa voz interior se convirtió en un faro, guiándome en los momentos más oscuros.

Así, con la pérdida de mi tío, aprendí que el amor y el apoyo que había recibido en mi vida eran más fuertes que el dolor. Aunque no podía cambiar lo que había sucedido, sí podía elegir cómo honrar su memoria. Y eso significaba seguir escribiendo, seguir soñando y, algún día, encontrar a Lucía de nuevo.

Aquí sigo yo

La partida de mi tío dejó un vacío que no sabía cómo llenar. Era como si de repente el mundo hubiera perdido algo irremplazable, algo que formaba parte de mí y de mi historia. Él fue mi pilar, mi apoyo constante. Desde aquel día, mi reflejo en el espejo parecía cambiar; era como si, al mirarme, viera a alguien diferente, alguien que había perdido una parte de sí.

Fue en esos días de ausencia que encontré en el papel el único consuelo posible. Las palabras comenzaron a surgir casi sin que me diera cuenta, como si mi corazón se hubiera vuelto tinta. Aquel poema, que titulé «Aquí sigo yo», fue mi manera de hablarle, de expresar el dolor y, al mismo tiempo, de recordarme que, aunque él ya no estaba, su presencia seguía viva en mí.

Mientras lo escribía, me encontré describiendo la imagen que veía en el espejo. Ya no era el mismo Lucas de antes, ese chico que se apoyaba en su tío para todo. Ahora era alguien más, alguien que, de alguna manera, debía encontrar la forma de continuar sin él.

«Aquí sigo yo», repetía el poema, casi como una declaración. Era mi forma de decirle que, aunque todo había cambiado, yo seguiría adelante. Y cada vez que lo leía, sentía su apoyo, su risa, su voz dándome ánimos y asegurándome que, aunque no lo viera, él seguía cuidándome.

Ese poema se convirtió en un refugio, en el lugar donde podía enfrentar lo que sentía sin miedo. Hoy, cuando lo releo, siento que, aunque él ya no esté, sigue siendo parte de mí. Aquí sigo yo, llevando su recuerdo y su amor en cada paso que doy.

La libreta de los sueños

Fue en el primer año de la ESO cuando conocí a la profesora Clara, quien llegó como sustituta en medio de un año tumultuoso. Desde el primer día, supe que era diferente. Tenía una forma especial de mirar a sus alumnos, como si cada uno de nosotros fuera una historia esperando ser contada. Recuerdo que, durante las primeras semanas, me sentía un poco fuera de lugar. El *bullying* seguía acechándome, y aunque mis compañeros intentaban despojarme de mi voz, Clara fue la primera en escucharme.

A medida que avanzaba el año, ella se dio cuenta de que yo no solo era un estudiante en su clase y, en cierto modo, se convirtió en mi confidente. Me animaba a expresarme, a compartir mis pensamientos y a escribir mis sentimientos. Recuerdo que un día, mientras revisaba mis cuadernos, me dijo con una sonrisa: «Lucas, en lugar de aprender solo de mí, yo aprendo mucho de ti. Tu forma de ver el mundo es única».

Al final del curso, Clara me sorprendió con un regalo: una libreta de 300 páginas, perfectamente en blanco, lista para llenarse con mis palabras. En la primera página, había una dedicatoria que decía: «Lucas, escribe todos los días. No importa lo que sea. Y cuando esta libreta esté llena, publícala. Recuerda ver la película *Precious*. Es una historia sobre el poder de la voz y la resiliencia».

Esa recomendación resonó en mí. Empecé a escribir sobre mis experiencias, mis sueños y, por supuesto, sobre Lucía. Cada página se convirtió en un refugio donde podía desahogar mis pensamientos y emociones. La libreta se transformó en mi compañera más fiel. Los días difíciles, cuando el *bullying* era más intenso, me refugiaba en sus páginas, dejando que las palabras fluyeran como un río desbordado.

Con el tiempo, mis escritos se convirtieron en un lugar donde podía explorar no solo mi amor por Lucía, sino también mi dolor y mis esperanzas. Clara no solo me regaló una libreta; me dio la libertad de soñar y la valentía de crear. Cada día, al abrir ese cuaderno, sentía que las palabras me ayudaban a encontrar mi voz, algo que había estado buscando durante tanto tiempo.

A medida que la libreta se llenaba, también lo hacía mi deseo de compartir mi historia con el mundo, un impulso que creció en mí como una llama ardiente. Aunque los años posteriores con mi madre fueron difíciles, cada vez que pensaba en las palabras de Clara, recordaba que, a pesar de las adversidades, tenía algo que valía la pena contar.

Ausencias inolvidables

La etapa que viví con mi madre estuvo llena de momentos agridulces. Aunque ese tiempo debía ser una oportunidad para construir una relación más cercana con ella, lo cierto es que cada día me sentía más alejado de las personas que habían sido mi verdadera familia y mi apoyo. Las celebraciones y los eventos familiares a los que siempre había acudido se convirtieron en ausencias dolorosas, y en cada ocasión que pasaba lejos de ellos, algo en mí se quedaba atrapado en esos momentos que no pude vivir.

Uno de los recuerdos que más me pesa fue la comunión de mi prima hermana pequeña, Laura. Esperaba con ansias estar presente en su gran día, celebrando junto a ella y el resto de la familia. Sin embargo, cuando el día llegó, mi madre no me permitió ir. La tristeza de no poder estar allí para verla y acompañarla en ese día tan especial fue algo que guardé en silencio. Años después, cuando vi las fotos de su comunión, fue como abrir una ventana a una vida de la que había sido apartado, un reflejo de lo que significaba haber dejado atrás todo aquello.

La boda de mi prima hermana mayor, Ana, fue otro de esos momentos que soñaba con presenciar, pero que también me fue negado. Verla casarse era una de esas ocasiones que uno se imagina compartiendo con la familia. Aunque todos estaban allí para celebrarlo, yo solo pude enterarme a la distancia. Luego llegó su embarazo y tampoco pude estar allí para compartir la alegría de su nuevo comienzo. Cada uno de esos momentos me hizo sentir una ausencia que aún hoy llevo dentro.

Y luego, cuando menos lo esperaba, vino la noticia de la operación de mi tío Juan. Aquel hombre que había sido como un padre para mí se enfrentaba a una operación difícil. En medio de todo el miedo y la preocupación, su mayor deseo era verme, tenerme cerca. Saber que estaba allí, en el hospital, pasando por algo tan duro sin poder tener la visita que él esperaba, me dolía profundamente. Mi madre, una vez más, no me permitió ir. Cada día imaginaba cómo estaría él, esperando sin saber si alguna vez podría llegar a darle el apoyo que tanto necesitaba.

Sin embargo, después de la operación, mi tío salió adelante. Con una fuerza increíble, superó aquella prueba y volvió a la vida con su carácter indomable y su espíritu fuerte. Hoy, cuando lo veo, no puedo evitar sentir una gratitud profunda por tenerlo conmigo, por saber que después de todo lo que pasó, puedo seguir disfrutando de su compañía y de sus enseñanzas.

Esos momentos de ausencia me enseñaron el valor del tiempo compartido y la importancia de no dar por sentados a quienes amamos. A pesar de los momentos difíciles, la vida me permitió recuperar a mi tío. Esa es una de las lecciones más valiosas que conservo hoy: apreciar cada instante junto a las personas que realmente importan.

Un reconocimiento dulce

Llegó diciembre y siempre ese mes había tenido un aire mágico. Las luces brillantes en la calle, el aroma a castañas asadas y, sobre todo, la promesa de las vacaciones de Navidad. Sin embargo, el diciembre de mi último año en el instituto iba a ser más especial de lo que jamás habría imaginado. La preparación para los exámenes finales había sido intensa, pero todo ese esfuerzo valió la pena cuando, al recibir mis notas, me llevé una gran sorpresa: había obtenido la mejor calificación de todo el instituto.

La noticia se esparció rápidamente. Al principio, no podía creerlo. En un lugar donde tantas veces me había sentido invisible, ahora era el centro de atención. El día del homenaje, la sala estaba llena de profesores, compañeros y algunos padres. La emoción me envolvió mientras subía al escenario, sintiendo cómo las miradas se fijaban en mí. Era un momento que nunca habría imaginado ni en mis sueños más optimistas.

Mis profesores, que siempre habían creído en mí, me miraban con orgullo. La directora me entregó un reconocimiento que decía: «Por tu dedicación, esfuerzo y talento». Al escuchar esas palabras, una oleada de gratitud me invadió. Era un homenaje a todos esos días en los que había sentido que la vida no me sonreía, y ahora, de repente, me encontraba rodeado de cariño y reconocimiento.

Como si ese momento no fuera suficiente, los profesores, en un gesto inesperado, me obsequiaron con caja llena de mantecados y bombones para que disfrutara durante las navidades.

La dulzura de esos regalos era un reflejo de la alegría que sentía en mi corazón. Miré a mi alrededor y creí ver a Lucía entre la multitud. Su sonrisa iluminaba la sala y, por un instante, el bullicio del mundo se desvaneció. En ese momento, me di cuenta de que solo había sido una imaginación más y que este logro no solo era mío, también era un triunfo para todos los que habían estado a mi lado en los momentos más oscuros.

Esa Navidad se sentía diferente. Mientras compartía los mantecados con mi familia y amigos, sabía que este era solo el comienzo. Aquella libreta de 300 páginas, las palabras de Clara, y ahora este reconocimiento, todo me impulsaba a seguir adelante. Quizás era el momento de dar un paso al frente y buscar de nuevo a Lucía, de mostrarle que había crecido y que la vida podía ser más dulce de lo que alguna vez había imaginado.

Un último intento

Mi último año en la Secundaria llegó con una mezcla de emociones. En medio de los exámenes y las expectativas, una chispa de esperanza se encendió en mí: volví a tener contacto con Lucía. Había pasado bastante tiempo desde nuestra última conversación, y el deseo de reconectar me llevó a buscarla.

Cuando finalmente le hablé, le dije que me gustaría empezar de nuevo, construir una relación desde cero. El corazón me latía con fuerza mientras esperaba su respuesta. Sin embargo, la realidad se presentó de forma abrupta. Lucía me dijo que tenía novio. Esa palabra resonó en mí como un golpe, como si la vida me recordara una vez más que las cosas no siempre salen como uno espera.

A pesar de la noticia, no podía evitar sentir que había algo más que decir. Así que le pregunté si quería que yo estuviera en su vida o si prefería que cada uno siguiera su camino. Su respuesta fue clara y directa: «Cada uno seguirá con su vida». Fue como si se cerrara una puerta que había esperado abrir.

El dolor de esas palabras me invadió. En un instante, todo lo que había soñado para nosotros se desvaneció. Sin embargo, había algo en su decisión que me hizo reflexionar: ¿realmente quería que estuviera en su vida o solo era una esperanza infundada en mi corazón?

Y entonces, sin previo aviso, me bloqueó. Ese gesto, tan definitivo, me hizo sentir como si me arrebataran un pedazo de mi historia. Era un adiós que no había anticipado, un cierre abrupto que dejaba poco espacio para la negociación o la despedida.

El silencio que siguió fue ensordecedor. Sin saber qué hacer, decidí seguir adelante con mi vida, aunque el peso de esa decisión permanecía en mi corazón.

Ese capítulo de mi vida me enseñó que no todas las historias pueden reescribirse. A veces, por más que deseemos reconectar con alguien, la vida ha tomado otros caminos. Aunque la experiencia fue dolorosa, me ayudó a entender el valor de la aceptación y a aprender que, aunque el amor no siempre resulta como esperamos, siempre nos deja una lección.

Esa despedida me empujó a valorar lo que tenía y a centrarme en mi propio crecimiento. A partir de ese momento, entendí que el amor a veces significa dejar ir, aunque sea difícil.

El regreso y la realidad cambiante

Finalmente, llegó el día en que cumplí dieciocho años. Un día que había anhelado durante mucho tiempo. Después de años de separación, regresé a casa de mis tíos. Volví a estar con mi familia, con quienes había crecido. La alegría de reunirme con ellos fue inmensa, pero también había una mezcla de nerviosismo y esperanza en mi corazón. Tenía en mente volver a encontrar a mi amor de la infancia, esa chica que había llenado mis días de luz y mis noches de sueños.

El día que volví al barrio, sentí que todo estaba exactamente como lo había dejado, pero nada era igual. Cuando finalmente vi a Lucía después de dos años, me di cuenta de que no era la misma niña con la que había compartido tantas risas y promesas y eso me aterraba: ¿podría yo amar a la mujer en la que se había convertido? Sus ojos, que antes brillaban con curiosidad y esperanza, ahora tenían una sombra que no reconocía. El amor que alguna vez había sido tan puro y sincero parecía haberse desvanecido. Me sentí como un extraño en su mundo y la idea de reconquistar su corazón se convirtió en una montaña insuperable.

Las veces que intenté hablar con ella y recuperar ese amor de mi infancia, el temor de que nunca pudiera ser como antes me carcomía por dentro. No tuve la valentía de dar el paso e intentarlo de frente. Pasamos tiempo juntos, compartiendo risas y recuerdos, pero siempre había una barrera invisible entre nosotros, una distancia que parecía insalvable. Mis intentos por hablar de lo que habíamos compartido en el pasado se encontraban con una sonrisa melancólica y un cambio de tema. La conversación se deslizaba por terrenos seguros, mientras mis pensamientos anhelaban los días en los que éramos inseparables.

Fue un momento de dolor y aceptación. Sabía que no podía forzarla a sentir algo que ya no creía posible, pero también entendí que aún había un hilo de esperanza que me unía a ella. Así que decidí concentrarme en reconstruir nuestra amistad, en dar un paso hacia lo desconocido. Tal vez, con el tiempo, el amor pudiera volver a florecer en un nuevo terreno.

Mi corazón seguía aferrado a la idea de que, aunque las circunstancias habían cambiado, aún había una parte de ella que me reconocía. Y así, con el paso de los días, me propuse ser una presencia constante en su vida, apoyarla y recordarle que, aunque el amor pudiera parecer lejano, siempre había espacio para la amistad y la esperanza.

A mi regreso, me enteré de que mi prima pequeña ya conocía de antes a mi amigo Gabriel. Así que, gracias a ellos dos, tuve la suerte de conocer a quienes se convirtieron en mis mejores amigos. No podía creer cómo el destino había alineado nuestras vidas de esa manera.

Gabriel, con su energía y su capacidad de hacer reír a todos, siempre fue una persona clave en mi vida. Junto a él y a mis nuevos amigos, compartí momentos inolvidables que reforzaron nuestros lazos. Las noches de risas, las aventuras improvisadas y las conversaciones profundas se convirtieron en el hilo conductor de nuestras amistades.

Sentía que, al estar con ellos, no solo encontraba diversión, sino también un apoyo incondicional que me ayudaba a navegar por los altibajos de la vida. A medida que nos conocíamos más, nuestras historias se entrelazaban, y cada uno de nosotros se convirtió en una parte importante de la vida del otro.

Estos vínculos significaban mucho para mí, especialmente porque habían llegado en un momento en el que más los necesitaba. Compartir mis sentimientos y experiencias con ellos se volvió fundamental. Saber que tenía a alguien como Gabriel, así como a mis otros amigos, hacía que me sintiera menos solo en el camino.

El vacío del barrio

Sentí que el barrio había cambiado en mi ausencia. La sensación de familiaridad se había desvanecido. Cuando regresé, las calles que solían ser un refugio de risas y recuerdos ahora parecían diferentes, como si el tiempo hubiera tejido nuevas historias en cada esquina. Algunos vecinos se alegraron de verme. Sus sonrisas reflejaban una calidez que una vez había sido constante en mi vida. Otros, en cambio, pasaron de largo, como si mi regreso no significara nada para ellos.

Al mirar a mi alrededor, me di cuenta de que todos se habían hecho mayores. Las risas infantiles que solían resonar por las calles habían sido reemplazadas por conversaciones de adultos y preocupaciones cotidianas. Todo había cambiado, incluso la niña de mis ojos. Ella había crecido, transformándose en una mujer con sueños y anhelos que quizás no se cruzaban con los míos.

La esperanza de encontrarla, de ver su rostro iluminado al verme, se desvanecía con cada paso que daba. Pensé que al menos se alegraría de verme, que tal vez habría guardado un rincón en su corazón para nuestra historia. Me imaginé una conversación llena de emociones, donde podríamos hablar sobre lo sucedido en el pasado, aclarar nuestros sentimientos, nuestros anhelos no expresados. Pero en lugar de eso, solo sentía el peso del silencio.

Me preguntaba si ella también había estado dolida, si el tiempo la había tratado con la misma indiferencia que a mí. Había tantas cosas que quería decirle, tantos sentimientos reprimidos que aún guardaba en mi corazón. La imagen de su sonrisa y de sus ojos brillantes me perseguía mientras recorría el barrio. Había esperado este momento durante años, pero ahora que estaba aquí, la ansiedad y el miedo se entrelazaban en mi pecho.

El barrio había cambiado, pero la esencia de lo que éramos aún permanecía. Y aunque el camino para reconectar con ella parecía lleno de obstáculos, mi corazón seguía aferrándose a la esperanza de que, a pesar de todo, aún había tiempo para nosotros.

Me imaginaba un final diferente, uno donde el tiempo y la distancia no hubieran hecho mella en lo que un día compartimos. Pensaba que tal vez podríamos haber acabado como amigos, que al reencontrarnos podríamos reír juntos, recordar aquellos momentos que una vez nos unieron. Después de todo, habíamos vivido experiencias inolvidables que merecían un cierre más amable, uno que reflejara la alegría de lo que habíamos sido.

Sin embargo, al darme cuenta de que no me dirigía la palabra, la realidad se volvió dolorosa. La ausencia de su voz en mi vida se sentía como un eco lejano que resonaba en cada rincón de mi mente. Había esperado que, quizás, al menos podríamos comunicarnos a través de las redes sociales. Pero al buscarla, no encontré más que silencio. No había respuestas ni me seguía ni había un solo me gusta en las fotos que solía compartir.

Incluso intenté acercarme a su hermana, con la esperanza de que ella pudiera servir como puente entre nosotros, un vínculo que recordara los lazos que una vez compartimos. Pero la indiferencia era palpable y su hermana parecía distante, como si llevara un mensaje que yo no quería escuchar. Las palabras que no se dijeron me rodeaban como sombras y cada intento por romper el hielo se desvanecía en la brisa de un pasado que ambos parecíamos querer dejar atrás.

Era desolador pensar que nuestra historia había llegado a un punto en el que la ausencia de comunicación hablaba más que las memorias compartidas. Los buenos momentos que una vez fueron un refugio ahora parecían un recordatorio constante de lo que se había perdido. En lugar de ser un puente hacia una nueva amistad, se habían convertido en muros que nos separaban, reforzados por el miedo y la incertidumbre.

La tristeza se instaló en mi corazón. Con cada día que pasaba, la esperanza se desvanecía un poco más. No podía entender por qué ella había decidido cerrar la puerta a nuestra conexión, por qué el pasado, en lugar de ser un lazo, se había convertido en una carga. ¿Acaso el tiempo había borrado los buenos recuerdos que habíamos compartido? ¿O simplemente había tomado caminos que ya no se cruzaban con el mío?

Mientras el silencio se hacía más profundo, empecé a cuestionar si alguna vez podría dejar ir lo que había sentido por ella. A pesar de mi dolor, una parte de mí seguía anhelando una chispa de reconocimiento, un destello de la conexión que había sido tan especial. Pero al mirar a mi alrededor, me di cuenta de que, tal vez, era el momento de aprender a vivir con esos recuerdos, de abrazar el pasado sin aferrarme a un futuro que ya no era nuestro.

Encuentro con dos pequeñas

Regresar a vivir a casa de mis tíos durante ese verano de mis dieciocho años fue un momento de reinicio en muchos sentidos, pero lo que nunca me hubiera imaginado es que aquel retorno no solo traería estabilidad, sino que me presentaría a dos personitas que cambiarían mi vida para siempre: las pequeñas, Eva y Noa, las hijas de mi prima mayor. Llegaron a mi vida de una manera tan natural, y desde entonces, no he dejado de quererlas con locura.

Recuerdo perfectamente cómo conocí a Eva. Era muy pequeña y me la encontré por primera vez en el carro, con esos ojitos curiosos que parecían observarlo todo. No imaginaba en ese momento que esa niña crecería hasta convertirse en una mujercita, pero incluso entonces, había algo en ella que me cautivaba. Siempre ha sido especial para mí, y aunque en ese momento era solo una pequeña en su carro, nuestra conexión fue inmediata.

Y luego estaba Noa. Tenía cuatro años cuando llegué a casa de mis tíos, una edad en la que todo era un descubrimiento para ella. Con su energía y sus ocurrencias, llenaba la casa de vida. Me sorprendía la manera en la que parecía saber exactamente cómo hacer que los días fueran un poco más brillantes. Han pasado nueve años desde entonces, y no puedo creer lo rápido que ha crecido.

Hoy, esas dos pequeñas son unas mujeres hechas y derechas. Eva y Noa han crecido frente a mis ojos. Es increíble pensar en el tiempo que ha pasado. Lo que comenzó con pequeños momentos de juego y conversaciones inocentes se ha transformado en una relación sólida, llena de amor y complicidad. No sé qué sería de mi vida sin ellas. Aunque han pasado casi dos décadas, mi cariño por ellas solo ha crecido más fuerte.

Un emotivo día

La tarde de mi graduación de la ESO sentía una mezcla de emociones: nervios, orgullo y algo de incertidumbre. Ese día significaba mucho para mí, no solo por el logro académico, sino porque marcaba el cierre de una etapa difícil y el comienzo de algo nuevo. Volvía a casa de mis tíos, donde había encontrado algo de estabilidad después de tanto caos y esperaba ansioso ver quiénes estarían ahí para compartir este momento.

El sonido de los aplausos y las risas llenaba el salón. De repente, vi entrar a mis tíos con una sonrisa que parecía iluminar todo el lugar. Mis primos les seguían, llenos de entusiasmo. Sentí un nudo en la garganta, pero esta vez no era tristeza, era gratitud. Habían estado ahí para mí cuando más lo necesitaba, ofreciéndome no solo un techo, sino un hogar, un refugio. Y allí estaban una vez más, celebrando conmigo.

No fue necesario decir nada. Cuando nos vimos, nos encontramos todos en un gran abrazo colectivo. En ese momento, sentí el peso de todos los años de incertidumbre, de las dudas, desvanecerse con el calor de sus abrazos. Estaba rodeado por las personas que, sin condiciones ni preguntas, siempre habían estado a mi lado. Fue como un escudo de cariño que me hizo sentir invencible.

Mi padre, aunque nuestra relación había sido complicada, también se unió al abrazo. Por un instante, sentí que ese gesto cerraba una distancia que habíamos arrastrado durante años. No necesitaba palabras; su presencia allí, con nosotros, fue suficiente para hacerme sentir que, al menos en ese momento, estaba intentando ser parte de mi vida.

Pero a pesar de la alegría, no pude evitar buscar en la multitud rostros que no estaban allí. Mi madre, mis hermanos... sus ausencias eran como un eco en mi mente, resonando con más fuerza de lo que esperaba. Una parte de mí ya sabía que no vendrían, pero ver las sillas vacías lo hizo más real.

Esa ausencia dolía, no puedo negarlo. Era como si confirmara algo que había sentido durante años: que su presencia en mi vida no era algo constante, que tal vez yo no significaba lo mismo para ellos que ellos para mí. En ese momento, me di cuenta de quién realmente estaba a mi lado, quién se preocupaba por mí de verdad. Y aunque doliera, me ayudó a abrir los ojos.

Allí, en medio de los abrazos y las felicitaciones de los que sí habían venido, entendí algo con absoluta claridad: no se trata solo de lazos de sangre, sino de quién está dispuesto a estar contigo cuando realmente lo necesitas. Las personas que te quieren no siempre son las que se espera que lo hagan, y a veces, hay que aprender a aceptar eso para poder seguir adelante.

Me di cuenta de que no quería seguir llenando mi vida de ausencias. Aquellos que no estaban dispuestos a estar allí para mí, a pesar de ser mi familia, ya no podían ocupar el mismo lugar en mi corazón. Ese día, decidí que solo quería rodearme de personas que realmente me apreciaran y valoraran. Y quienes no lo hacían, ya no tendrían el mismo poder sobre mí.

Con esa revelación, algo cambió dentro de mí. Sentí una confianza nueva, una seguridad que antes me había faltado. Entender quién estaba a mi lado me dio fuerza para seguir adelante sin dudar de mi propio valor. Ya no dependía de la aprobación o del amor ausente de quienes no estaban; me bastaba con quienes realmente me apoyaban y me querían.

Ese día no solo fue el cierre de una etapa escolar, fue el comienzo de una nueva etapa en mi vida. Me sentía más seguro de mí mismo, más firme en quién era y en lo que merecía. No necesitaba más. Esa certeza me dio la paz que había buscado durante tanto tiempo.

Un encuentro inesperado

En septiembre de ese mismo año, comencé el bachillerato de Bellas Artes, con la esperanza de sumergirme en un mundo que siempre había amado. La emoción de crear, de dar vida a mis ideas, era el bálsamo que necesitaba para sobrellevar la carga de mis sentimientos no resueltos hacia Lucía. Sin embargo, lo que no esperaba era que, en uno de esos recreos, el destino me ofreciera otra oportunidad.

Era un día cualquiera en el recreo del bachillerato, entre las conversaciones y las risas de mis compañeros, cuando un aroma me golpeó como una ola. No era un olor cualquiera; era el perfume de Lucía. El mismo que usaba cuando éramos niños. Ese olor dulce, suave, con toques de flores y algo que siempre me recordaba a los días de verano. De repente, me encontré de vuelta en ese patio de la escuela primaria, sentado en los escalones, viendo cómo ella se acercaba con su sonrisa tímida, iluminada por el sol.

Mi corazón dio un vuelco. ¿Cómo era posible que un simple olor pudiera traer de vuelta tantos recuerdos? Era como si el tiempo no hubiera pasado, como si estuviéramos allí otra vez, juntos, sin saber lo que el futuro nos traería. Cerré los ojos por un segundo y dejé que el aroma me envolviera, trayendo consigo el sonido de su risa, la sensación de su mano rozando la mía y los susurros de esos días en los que el mundo se sentía pequeño, pero perfecto.

Mientras disfrutaba de la calidez del sol en el patio, rodeado de mis compañeros, la vi. Ella estaba con sus amigas, riendo, como si el tiempo no hubiera pasado. En ese instante, el mundo se detuvo. No pude evitarlo; mis ojos se encontraron con los suyos y el aire se volvió espeso. El brillo de su cabello y la luz en sus ojos despertaron en mí una oleada de recuerdos. Ella parecía sorprendida al verme, y yo, por mi parte, no podía creer que nuestros caminos volvieran a cruzarse.

Los días pasaron y casi todos los recreos se convirtieron en un ritual de miradas furtivas. Cada vez que la veía, el temor me paralizaba. La ansiedad de acercarme a ella crecía, pero el miedo al rechazo era más fuerte. Recuerdos de momentos compartidos inundaban mi mente y, por dentro, un deseo ardiente de revivir esos instantes me consumía.

A pesar de que había tenido ocasiones de salir con otras chicas, ninguna se comparaba a ella. La conexión que había tenido con Lucía era única y cualquier intento de olvidar parecía en vano. Sus risas resonaban en mi corazón. Cada encuentro en el recreo se sentía como un hilo que seguía atándome a ella.

Por las noches, me encontraba dibujando en mi cuaderno, plasmando en cada trazo la esencia de lo que significaba para mí. La belleza de sus rasgos, la luz en sus ojos, su risa; todo se convertía en arte, pero el arte solo podía capturar una fracción de lo que sentía. La realidad era que el tiempo no había borrado mi amor por ella. Cada día que pasaba sin acercarme solo hacía que fuera más difícil seguir adelante.

El destino, en su capricho, había vuelto a juntarnos, pero ahora era yo quien debía decidir si quería tomar el riesgo de enfrentar mis miedos y buscar ese amor que había permanecido en mi corazón. ¿Tendría el valor de dar el primer paso o dejaría que el miedo siguiera marcando la distancia entre nosotros?

Mi paso por Bellas Artes trajo consigo una mezcla de emociones, nuevas amistades y, por supuesto, recuerdos del pasado. Entre mis nuevos compañeros, había uno que llamaba particularmente mi atención: el novio de Lucía. Nunca imaginé que nuestras vidas se cruzarían de esta manera, y la conversación que tuvimos me dejó una impresión duradera.

Un día, mientras hablábamos de nuestras experiencias, él mencionó algo que me hizo detenerme en seco. Me contó que él había sido la persona que habló con Lucía el día en que yo le expresé mis deseos de que nuestros caminos se unieran o se separaran. Su voz era serena, pero su declaración me conmovió.

Al recordar esa conversación, sentí una mezcla de emociones: sorpresa, tristeza y una sensación de inevitabilidad. La revelación me llevó a recordar cómo había preguntado a Lucía si quería que estuviéramos juntos o si prefería que cada uno siguiera su camino. Ella había elegido la segunda opción, y el hecho de que él fuera quien intercediera en ese momento le daba un nuevo matiz a la situación.

Me dijo que, tras aquella conversación, él había decidido bloquear mi número para que no pudiera volver a hablar con Lucía. Su decisión, aunque lógica desde su perspectiva, me dejó un sabor amargo. Era como si un hilo invisible que había intentado tejer con ella se hubiera cortado de forma abrupta, dejando un vacío que no podía llenar.

Con el tiempo, la conversación con él me llevó a comprender que cada historia tiene múltiples perspectivas. Aunque su decisión me había afectado profundamente, también era un recordatorio de que cada uno tiene su propia lucha y sus propios motivos. Las relaciones son un entramado de decisiones y, a veces, esas decisiones llevan a caminos inesperados.

Fantasmas de recuerdos

Cada día se hacía más difícil. Lucía aparecía en mis pensamientos y sueños, como si su esencia estuviera incrustada en cada rincón de mi mente. Era un juego cruel del destino; a veces estaba ahí, tangible y real, y en otros momentos se desvanecía como un susurro, dejándome con el vacío de su ausencia.

La veía en cada rincón del aula, en las risas de mis compañeros, en el roce de una hoja de papel, en el movimiento del sol al caer. Su imagen se convertía en un fantasma que rondaba mis días y mis noches. Cada vez que me dormía, su sonrisa iluminaba mis sueños, pero al despertar, la realidad era un recordatorio de lo que no tenía. Me despertaba con el corazón apesadumbrado, anhelando lo que parecía inalcanzable.

A menudo, me sorprendía a mí mismo sonriendo mientras recordaba momentos compartidos: risas en el parque, charlas interminables bajo el cielo estrellado y aquellas tardes de karaoke donde nos perdíamos en la música. Pero tan pronto como esos recuerdos florecían, la sombra de la soledad se interponía y la tristeza llenaba el espacio que su luz había dejado.

Las noches eran especialmente difíciles. La oscuridad, que solía ser mi refugio, ahora se sentía como una prisión. En la quietud de la noche, su imagen danzaba en mi mente, como un eco que nunca se apagaba. A veces, la imaginaba cerca, sintiendo su risa en el aire, pero al abrir los ojos, la realidad me golpeaba con fuerza: ella estaba a kilómetros de distancia y yo seguía siendo un extraño en su vida.

No podía evitar pensar en lo que podría haber sido; en cómo nuestras vidas podrían haber tomado un rumbo diferente. La idea de acercarme a ella seguía siendo una montaña insuperable. ¿Y si ya no le importaba? ¿Y si el amor que una vez compartimos se había desvanecido como el humo? La incertidumbre era un peso que cargaba cada día.

Mientras tanto, mis dibujos se convirtieron en un refugio, en una forma de liberarme de la angustia que sentía. Cada trazo, cada sombra, cada color me acercaba un poco más a ella, aunque solo fuera en la superficie. Era una forma de mantenerla viva en mi corazón, un intento de capturar la esencia de lo que había sido y lo que aún anhelaba.

El tiempo pasaba y cada día que no me atrevía a dar un paso hacia ella se convertía en un recordatorio de la oportunidad que se me escapaba. Necesitaba enfrentar mis miedos y dejar de permitir que el pasado dictara mi futuro. Porque, al final, solo había una verdad: ella era el amor que había esperado toda mi vida.

La marca injusta

En 2016, ocurrió algo que cambió mi vida para siempre, algo que no puedo olvidar, como una sombra que no se disipa. Fue el año en que mi nombre y mi identidad quedaron marcados por una injusticia que aún me persigue. Hasta entonces, siempre había llevado una vida tranquila, respetando las leyes, intentando vivir en paz y transmitir esa calma a los demás. Pero todo eso cambió una mañana que parecía ser como cualquier otra.

Estaba en casa cuando escuché el timbre sonar con insistencia. Al abrir la puerta, me encontré con varios agentes de policía que me informaron, sin rodeos, que estaban allí para llevarme a la comisaría. No entendía nada. Me quedé paralizado mientras ellos me explicaban que mi nombre estaba relacionado con un caso de estafa y que necesitaban que los acompañara para declarar y hacerme fichar.

Era como si todo el aire hubiera sido expulsado de la habitación. A pesar de mi confusión, me vi obligado a acompañarlos. Cada paso me llenaba de una mezcla de incredulidad y angustia. En mi mente repetía una y otra vez que había un error, que alguien debía haber usado mi nombre, porque yo jamás había hecho nada que pudiera considerarse ilegal.

Al llegar a la comisaría, me explicaron los detalles del caso. Alguien, en algún lugar, había cometido una estafa usando mi nombre. Sentía que el suelo se desmoronaba bajo mis pies, como si alguien hubiera arrancado un pedazo de mi vida y lo hubiera convertido en una acusación injusta. Me ficharon, me tomaron las huellas y me fotografiaron, sellando esa experiencia en mi memoria con una mezcla de humillación y desconcierto. Era la primera vez que sentía el peso de una acusación, el temor de ser visto como alguien que no soy.

Esa noche, al regresar a casa, todo se sentía diferente. La tranquilidad de mi hogar se había transformado en una inquietud constante. Pensaba en cómo aquel incidente afectaría a mi vida, en el eco de esa acusación que parecía persistir aunque yo no hubiera hecho nada malo. A partir de ese día, cualquier situación que implicara identificación o documentación me causaba un nudo en el estómago, temiendo que ese «error» volviera a manifestarse.

Con el tiempo, logré seguir adelante, volviendo a mi rutina y tratando de dejar el incidente atrás. Sin embargo, comprendí que aquella injusticia había dejado una marca en mí. Por más que intentara transmitir paz y respeto allá donde fuera, sabía que siempre existía el riesgo de que alguien, en algún lugar, viera en mí una identidad falsa, una sombra de lo que realmente soy.

Aquel año, más que cualquier otro, me enseñó una dura lección sobre la fragilidad de la reputación y lo difícil que es limpiar una mancha injusta. Aprendí a vivir con esa sombra, a mirar hacia adelante, pero también a recordar que, aunque todo pueda cambiar en un instante, es nuestra propia fortaleza lo que nos ayuda a seguir en paz, a pesar de los ecos del pasado.

El sabor del tabaco

Era una mañana cualquiera en el instituto y, durante la hora del patio en Bellas Artes, decidí acompañar a mi compañera Sara a comprar tabaco. La charla ligera entre nosotros llenaba el aire. La energía del patio era contagiosa. Aquellos momentos de conexión, aunque simples, tenían su propia magia.

Recuerdo cómo Sara caminaba con confianza, pidiendo un paquete de tabaco con sabor a mojito. La idea de un cigarro que prometía un sabor refrescante y tropical me parecía intrigante. Al recibirlo, sus ojos brillaban con una mezcla de emoción y picardía. Después de la compra, nos dirigimos a un banco cercano, donde nos sentamos para charlar.

Mientras ella encendía su cigarro, el aroma del tabaco se mezclaba con el aire fresco de la mañana. Sara inhalaba con gusto, disfrutando cada calada. Me miró y, con una sonrisa traviesa, me ofreció probarlo.

En ese momento, me llené de curiosidad. No quería parecer tímido o reacio, así que acepté su oferta. La primera calada fue una experiencia extraña. A pesar de que el paquete prometía sabor a mojito, lo que sentí en mi boca fue simplemente un gusto amargo que no podía disimular. No noté el sabor a mojito en absoluto. Era un tabaco duro y áspero que me dejó una sensación desagradable en la garganta.

Al exhalar, me di cuenta de que no era para mí. No entendía cómo algunos podían disfrutar de eso. La decepción me hizo reír.

Sara, al ver mi expresión, soltó una carcajada y me dijo que no todos los sabores eran para todos.

Ese fue mi primer y último intento de fumar. A veces, la curiosidad nos lleva a probar cosas nuevas, pero no todas las experiencias resultan ser lo que esperamos. Aprendí que algunas cosas, aunque parezcan emocionantes, no son adecuadas para mí. A pesar de que el tabaco no era lo mío, la conexión que compartí con Sara en aquel banco se convirtió en un recuerdo valioso.

Un intento de paz

Había pasado un año desde que volví a vivir con mis tíos cuando mi madre se puso en contacto conmigo. Decía que quería hacer las paces, conocerme de nuevo y presentarme a mi hermanito Francisco, el hijo que tuvo con su nueva pareja. Aquella llamada despertó en mí un sentimiento de esperanza y, aunque era difícil olvidar el pasado, decidí darle una oportunidad a ese intento de reconciliación.

En las primeras visitas, intentaba estar en paz con todo lo que había pasado. Llegué a ayudarla en casa, haciendo la compra y, en ocasiones, incluso apoyándola económicamente cuando le hacía falta. Sin importar las heridas, quería creer que podíamos construir algo nuevo, algo en lo que también estuvieran mis hermanos.

Durante ese tiempo, mi madre intentó acercarme a una chica que conocía, la cuñada de mi hermano. Estuvimos saliendo un mes, pero aquello no funcionó y decidimos dejarlo en buenos términos. Sin embargo, seguí yendo a la casa para ver a mi madre y a mis hermanos; en el fondo, aún quería tener una familia unida, a pesar de todo lo vivido.

Mi vida comenzó a tomar otro rumbo. Aunque las cosas con mi madre nunca fueron fáciles, me gustaba pensar que estaba logrando mantener una relación de respeto con ella. Sin embargo, esa paz aparente se rompió de la peor forma.

Un amor de verano

Fue en el regreso a la casa de mis tíos cuando descubrí el mundo de los chats en línea. Al principio, lo hice por curiosidad, pero pronto me encontré con Ana, una chica de Algeciras que iluminó mis días con sus mensajes. Desde el primer instante, nuestras conversaciones fluyeron con naturalidad, como si nos conociéramos de toda la vida. Había algo en su forma de ser que resonaba en mí, un eco de la conexión que había sentido con Lucía.

Con cada mensaje, mi interés por Ana crecía. Recuerdo que fue en abril cuando finalmente decidí que tenía que conocerla en persona. Nos encontramos en la playa, un lugar donde el viento soplaba libre y el sonido de las olas creaba un ambiente perfecto. Ella llevaba un vestido ligero que se movía con la brisa. Su risa era como música para mis oídos. Al verla, sentí que algo despertaba dentro de mí, una mezcla de nerviosismo y emoción.

Nuestras primeras citas fueron mágicas. Paseábamos por la orilla, recolectando conchas y compartiendo historias de nuestras vidas. Cada encuentro era un regalo y cada beso robado bajo el sol se sentía como un pequeño milagro. Pasé algunos días en casa de su abuela, lo que me permitió conocer a su familia y sumergirme un poco más en su mundo. Sentí que estaba construyendo algo hermoso, una burbuja de felicidad que, aunque efímera, era real.

Un día, Ana me llamó con una voz quebrada y, entre lágrimas, me contó lo que mi madre le había dicho. Se me quedó helado el corazón al escuchar cada palabra. Según mi madre, yo era todo lo que no soy: un maltratador, un borracho, alguien agresivo y violento. Aquel ataque no era solo contra mí, sino contra el amor que intentaba construir y, por si fuera poco, contra la paz que ambos intentábamos hallar. Fue un golpe directo, una traición en toda regla.

Desde aquel día, algo se rompió entre nosotros. Mi madre, aquella persona con la que tanto intenté reconciliarme, me había dado la espalda de la forma más cruel. No volví a tener contacto con ella. Y, aunque el tiempo ha pasado, el dolor sigue siendo una herida abierta, una cicatriz que llevo en silencio.

A veces me pregunto si algún día volveremos a hablar, si un día esta distancia podrá llenarse de algo más que silencio. Pero por ahora, esa llamada que alguna vez soñé en paz se quedó atrapada en un sabor a traición que, hasta el día de hoy, no he logrado olvidar.

Sin embargo, como todo lo bueno, nuestra relación tuvo su tiempo limitado. Con la llegada del otoño, los días de playa se fueron desvaneciendo. A pesar de que lo intentamos, nuestra relación duró solo cuatro meses. Los últimos días fueron agridulces, llenos de promesas de mantenernos en contacto, pero también de la certeza de que la vida nos llevaba por caminos diferentes.

El adiós fue difícil. Ana me regaló una pulsera que aún conservo. Un recordatorio de esos días soleados y despreocupados. Aunque nuestra relación fue breve, me enseñó a abrir mi corazón nuevamente y a disfrutar de la belleza del amor, aunque fuese temporal. Mirando hacia atrás, me doy cuenta de que cada experiencia, cada risa, cada lágrima, me ayudó a encontrarme a mí mismo un poco más.

Aquel verano, a pesar de su final, se convirtió en un capítulo importante de mi vida. Una primera experiencia que me abrió las puertas al amor y a la vulnerabilidad. Y mientras pasaba el tiempo, guardaba en mi corazón la esperanza de reencontrarme algún día con Lucía, la chica que nunca logré olvidar.

Nuevos caminos y oportunidades

Mis dos años en el bachillerato de Bellas Artes fueron intensos. Cada clase era una mezcla de colores, texturas y emociones, donde la creatividad florecía a mi alrededor. Sin embargo, también era un período de incertidumbre. Aunque disfrutaba de la pintura y del dibujo, había momentos en los que me preguntaba si realmente podría vivir de ello. Mientras navegaba por mis pensamientos, el tiempo se deslizaba entre mis dedos y el futuro parecía cada vez más incierto.

Fue entonces cuando el Ayuntamiento de mi ciudad lanzó un curso de hostelería. Al principio, no estaba seguro de qué pensar. La hostelería no era mi pasión, pero vi en ello una oportunidad. Pensé que podría ser un medio para mantenerme mientras encontraba mi camino en el mundo del arte. Así que, con un poco de escepticismo y una dosis de curiosidad, decidí inscribirme.

El curso fue revelador. Aprendí sobre gastronomía, atención al cliente y la importancia de crear experiencias memorables. Desde la preparación de platos hasta la atención al público. Cada día era una nueva lección. A pesar de que al principio me sentía fuera de lugar, pronto descubrí que tenía una habilidad especial para conectar con las personas. Las risas y los momentos compartidos con mis compañeros de clase hicieron que el aprendizaje fuera más llevadero y emocionante.

Al finalizar el curso, me sentí renovado. No solo había adquirido nuevas habilidades, sino que también había encontrado un nuevo propósito. Comencé a trabajar en un restaurante local, donde cada jornada era un desafío y una oportunidad para crecer. Las largas horas de trabajo eran extenuantes, pero la energía del ambiente y la satisfacción de ver a los clientes disfrutar de lo que había preparado me llenaban de orgullo.

Durante esos años en la hostelería, aprendí mucho sobre la vida, sobre el trabajo en equipo y sobre el valor de cada pequeño detalle. En cada plato que servía, ponía parte de mí mismo. La cocina se convirtió en mi lienzo y, aunque no era el arte que había imaginado, descubrí una forma de creatividad que me inspiraba. Además, trabajar en un entorno tan dinámico me permitió conocer a gente diversa y enriquecer mi perspectiva sobre el mundo.

Sin embargo, en lo más profundo de mi ser, seguía añorando la pintura y el dibujo. Por las noches, cuando llegaba a casa exhausto, a menudo me encontraba abriendo mi libreta de 300 páginas, regresando a mis escritos y bocetos. Esa libreta seguía siendo mi refugio, donde podía explorar mis pensamientos sobre el amor, la vida y el arte.

A medida que avanzaba en la hostelería, me di cuenta de que tenía que encontrar un equilibrio entre mi trabajo y mi pasión. A veces, la vida nos lleva por caminos inesperados. Estaba decidido a aprovechar al máximo esta oportunidad mientras mantenía viva la llama de mis sueños artísticos.

Un nuevo comienzo

El 6 de diciembre de 2017, conocí en un chat *online* a Laura, una chica que me hizo sentir mariposas en el estómago. Recuerdo que desde el primer instante en que nuestras miradas virtuales se cruzaron, un temblor recorrió mi cuerpo, una mezcla de nerviosismo y emoción que no podía controlar. Aquella primera impresión fue electrizante, como si el destino nos estuviera uniendo en un momento que cambiaría mi vida para siempre.

A partir de ese día, todo dio un giro inesperado. Mi vida, que había estado marcada por el dolor y la soledad, comenzó a iluminarse con la luz de su presencia. No podía estar más feliz; era el mejor regalo que me había dado la vida en mucho tiempo. Hablábamos de todo y aunque era un amor que florecía a través de una pantalla, la conexión que sentía con ella era palpable.

En tan solo tres días, mi cuerpo se acostumbró a ella. Con cada mensaje sentía como si se estuviera forjando un lazo irrompible entre nosotros. Era como si nos conociéramos de toda la vida, como si nuestra amistad hubiera sido escrita en las estrellas mucho antes de que nacieran nuestros cuerpos. Esa sensación especial que crecía en mi interior era inconfundible; mi corazón me estaba diciendo que ella era la mía.

La emoción era abrumadora. No solo era un simple chat; era como si en cada palabra, cada conversación profunda, estuviéramos entrelazando nuestras almas. Los días sin hablar con ella se volvían interminables y la idea de no tenerla en mi vida comenzaba a ser insoportable. La soledad que había sentido durante tanto tiempo empezaba a desvanecerse, reemplazada por la calidez de su compañía, aunque fuera a través de la distancia.

Comenzamos a hacer planes para conocernos en persona, soñando con el momento en que nuestras miradas se encontrarían en la vida real. El miedo a lo desconocido se mezclaba con la emoción. ¿Y si esa conexión tan poderosa se desvanecía al estar cara a cara? Pero la esperanza siempre superaba al miedo. En mi corazón, sabía que había algo auténtico entre nosotros.

La revelación en pantalla

Dos días después de conocernos por chat, decidimos hacer nuestra primera videollamada. La expectativa me llenaba de nervios; era un paso que me acercaba a ella, una oportunidad de ver su sonrisa, sus gestos y, quizás, sentir esa conexión aún más fuerte. Cuando la vi aparecer en la pantalla, el mundo a mi alrededor se desvaneció. Su belleza me dejó sin aliento; sus ojos color café brillaban con una luz que me hacía sentir como si estuviera mirando las estrellas.

Era más de lo que había imaginado. Su risa, esa melodía que ya ocupaba un rincón especial en mi corazón, resonó en la llamada y me llenó de alegría. Todo en ella me encantaba: su pelo, que caía en ondas suaves; su boca, que al sonreír revelaba un brillo que iluminaba mi pantalla y, sobre todo, su buen corazón, que se reflejaba en cada palabra que decía.

A medida que conversábamos, su esencia se iba entrelazando con la mía. Me contaba sobre su vida en Córdoba, pero también sobre su casa cerca de Málaga, donde pasaba las navidades con sus abuelos. La idea de que pudiera estar tan cerca me llenaba de ilusión; tal vez la Navidad sería nuestra oportunidad para encontrarnos, para hacer realidad ese sueño que había comenzado a florecer en mi corazón.

La conversación fluyó de forma natural, como si nos conociéramos desde siempre. Hablar de nuestros sueños, anhelos y, por supuesto, de nuestras experiencias pasadas, se convirtió en un deleite que hacía que cada segundo se sintiera mágico. En ese instante, en una pantalla, una nueva esperanza brotaba en mi vida y un nuevo capítulo comenzaba a escribirse.

El encuentro de dos almas

El 23 de diciembre llegó con una mezcla de emoción y nerviosismo que me llenaban el estómago. Al llegar a la estación, las manos me temblaban y mi corazón latía con tanta fuerza que podía escucharlo en mis oídos. No sabía si era el frío que me envolvía o la ansiedad de conocerla por fin en persona, pero parecía que me había convertido en gelatina.

Y ahí estaba ella. Con un vestidito rojo que destacaba su belleza y su cabello castaño suelto, brillaba con una luz que la hacía parecer aún más hermosa de lo que había imaginado. En ese instante, todo el temor y los nervios se desvanecieron; solo existía ella.

Cuando se acercó, me sorprendió aún más al darme un regalo. Por mi cumpleaños, me había traído un detalle que jamás habría esperado. Fue el gesto más bonito que alguien había tenido conmigo. Me llenó de gratitud y alegría. Abrí el regalo y, al mismo tiempo, sentí que nuestras almas estaban conectadas de una manera especial.

Ambos habíamos escrito cartas y, en ese momento, nos las intercambiamos. Sus palabras eran como música para mis oídos. Cada línea, cada frase que leí, me hacía quererla aún más. En cada palabra se sentía su sinceridad y ternura. Al conocerla mejor, mi corazón se llenaba de un amor profundo que parecía estar destinado a florecer.

Ese día fue solo el comienzo de algo mágico. Con nuestras miradas y risas compartidas, construimos un lazo que prometía ser inquebrantable. En el fondo, sabía que este encuentro era el primer paso hacia un nuevo capítulo en nuestras vidas.

Esa noche, mientras caminaba hacia casa, sentía que el mundo había cambiado para mí. Cada paso resonaba en mi pecho y el eco de su risa aún vibraba en mi mente. El beso que me dio fue como un fuego encendido, iluminando mi corazón de una manera que nunca había experimentado. Desde ese día, cada mensaje y cada videollamada se sentían como un ladrillo más en la construcción de algo hermoso.

Los días se convirtieron en semanas. Cada momento era un nuevo descubrimiento. Pasábamos horas hablando sobre nuestras vidas, nuestras familias y nuestros sueños. Ella me contaba sobre su vida en Córdoba, mientras que yo le compartía las historias de mi infancia con mis tíos y el dolor de los años que había pasado sin Lucía. Pero en cada conversación, descubrí que el vacío que había sentido durante tanto tiempo comenzaba a llenarse con su presencia.

Un día, mientras charlábamos por videollamada, decidimos que sería hora de que ella viniera a Málaga a visitarme. La emoción se apoderó de mí al pensar que podría volver a verla. Organizamos cada detalle, desde el lugar donde nos veríamos hasta cómo pasaríamos el tiempo juntos. La idea de que ella pudiera estar en mi mundo me llenaba de alegría.

Cuando finalmente llegó el día de su visita, mi corazón latía desbocado. La vi aparecer en la estación y fue como si el tiempo se detuviera. Su cabello ondeaba al viento y su sonrisa iluminaba todo a su alrededor. La abracé con tanta fuerza que sentí que nada podría separarnos esa vez. Pasamos la tarde recorriendo la ciudad, riendo y hablando de todo lo que nos había llevado hasta ese momento.

Esa noche nos sentamos en el puerto, viendo cómo las luces se reflejaban en el agua. Ella descansaba su cabeza en mi hombro. Sentí que ese era el lugar donde siempre había querido estar. En ese instante, me di cuenta de que estaba enamorado. No era solo la emoción del primer beso o los nervios de conocerla; era algo más profundo y sincero. Quería construir un futuro con ella, y el miedo a perderla comenzó a desvanecerse.

Con el tiempo, nuestra relación se hizo más fuerte. Compartíamos momentos simples, como cocinar juntos o ver películas acurrucados en el sofá. Ella se convirtió en mi confidente, y yo en el suyo. Sin embargo, había un pequeño monstruo que comenzaba a asomarse: el miedo a que su padre se interpusiera entre nosotros, así como había hecho antes. Pero por primera vez en mucho tiempo, sentía que tenía la fuerza para luchar por lo que quería.

Aunque a veces había momentos de incertidumbre, nuestra conexión era innegable. Empezamos a hablar de nuestros sueños, de lo que queríamos lograr en la vida y, aunque el futuro era incierto, sabía que mientras estuviéramos juntos, podría enfrentar cualquier cosa.

Después, nos volvimos a ver el 30 de diciembre. Ese día, ella venía con su hermana y yo fui con mi prima a encontrarme con ellas. La tarde estuvo tan bien, incluso mejor que la anterior. Estuvimos sentados en una mesa de picnic en la playa, los cuatro juntos, disfrutando de la música y jugando a las cartas. Recuerdo que había tanto ruido de petardos que mi prima, asustada, nos hizo reír a carcajadas.

En uno de esos momentos no pude resistirlo más y me levanté para sentarme junto a ella. La abracé, sintiendo cómo el mundo a nuestro alrededor desaparecía. Permanecí así, abrazado a ella, hasta que decidimos acompañar a mi prima y a la hermana de mi novia a un bar cercano. Mientras caminábamos, ella aprovechó para regalarme un cuadro que había comprado para mí y un beso. Era un regalo especial, destinado a poner una foto nuestra en él. Cuando vi el cuadro, traía un hermoso dibujo de un gato, pero lo que realmente me conmovió fue el texto que había detrás. Al leerlo, me invadió una emoción que ni siquiera sabía que podía sentir. Nunca imaginé que en tan pocos días ella pudiera sentir todo eso por mí.

Tras salir mi prima del baño con su hermana, volvimos al mismo lugar y nos quedamos abrazados hasta que llegó la hora de despedirnos. Verla marcharse me partía el corazón; cada despedida significaba distancia, y aunque hablábamos todos los días por videollamada, nada se comparaba con el momento de estar juntos. Apenas me subí al autobús de vuelta a casa, ya la estaba extrañando.

Un nuevo comienzo

Ella era de Córdoba, pero bajaba a Málaga varias veces. Otras, yo subía a verla. Cada día que pasaba a su lado era una maravilla; nos lo pasábamos en grande. Gracias a ella, salí de mis cuatro paredes y conocí una ciudad diferente, llena de vida y nuevas experiencias. Era una chica maravillosa. Me hacía reír y me transformaba en otra persona, una que se sentía libre y feliz.

Sin embargo, había momentos en los que, a pesar de la alegría que ella me traía, aparecía la sombra de la niña de mi infancia, Lucía. Su recuerdo emergía en mi mente, recordándome lo que había dejado atrás, lo que había perdido. Me encontraba atrapado entre dos mundos: la felicidad que sentía con esta nueva chica y el amor que aún albergaba por Lucía. A veces, las risas se veían opacadas por la nostalgia.

Recordaba aquellos momentos en la escuela, las sonrisas que me regalaba, las cartas que intercambiamos y la intensidad de nuestro primer beso. Era un amor puro e inocente, pero ahora estaba aquí, disfrutando de algo nuevo, algo que me llenaba el corazón de alegría y también de confusión.

Me esforzaba por vivir el presente, por no dejar que los recuerdos me arrastraran hacia el pasado, pero era difícil. En ocasiones, cuando Laura me miraba con esos ojos cafés que me encantaban, sentía un retazo de inseguridad. ¿Sería posible amar a dos personas a la vez? ¿Podría construir un futuro con ella sin olvidar a la niña que marcó mi infancia?

A pesar de esas dudas, decidí dejar que la vida fluyera. Cada momento con ella era un regalo, una nueva oportunidad para aprender sobre el amor. Pero en el fondo de mi corazón, sabía que la historia de Lucía siempre tendría un lugar especial, un rincón al que siempre podría volver.

Y así, entre risas y recuerdos, continué explorando esta nueva relación, preguntándome a dónde me llevaría el destino esta vez.

Primera carta

El día 6 de enero celebramos nuestro primer mes juntos. Le escribí una carta en la que le conté todo lo que había estado sintiendo desde que nos conocimos y lo que había experimentado durante los días que estuvimos juntos. Estar con ella era como entrar en un mundo distinto; cada momento a su lado era una explosión de sentimientos y experiencias que nunca había vivido antes.

La magia que había en el aire cada vez que la veía era indescriptible. La forma en que sonreía, cómo su risa iluminaba todo a su alrededor, hacía que mi corazón latiera más rápido. Con ella, todo era especial, cada conversación, cada gesto, cada mirada. Me di cuenta de que, aunque nos quedaba mucho por vivir y aprender en la vida, ya sentía en mi interior que ella era la indicada para mí.

A medida que compartíamos más momentos, me iba dando cuenta de que cada día me sentía más conectado a ella. La forma en la que entendía mis silencios, cómo su mirada podía decir más que mil palabras y cómo el tiempo a su lado pasaba volando, me confirmaban que estaba viviendo algo único.

Era un amor que iba más allá de las palabras, algo que se sentía en cada latido, en cada suspiro. No sabía qué nos depararía el futuro, pero en ese momento, mientras escribía la carta, estaba seguro de algo: quería seguir descubriendo el mundo junto a ella, experimentar cada aventura que la vida nos ofreciera y construir recuerdos que guardaríamos para siempre en nuestros corazones.

Para nuestro primer mes, decidí hacer algo especial. Preparé un vídeo en el que expresaba todo lo que sentía por ella. Era un *collage* de momentos que habíamos compartido, con fotos nuestras que capturaban mil sonrisas. Para darle un toque aún más personal, le añadí su canción favorita, creando una melodía que resonara con cada recuerdo.

Grabé todo en un disco y, para que fuera una verdadera sorpresa, se lo envié junto con la carta que había escrito. Nos organizamos para enviar todo justo al inicio del mes, de modo que llegara a tiempo, aunque tuvimos que esperar hasta el día 6 para abrirlo juntos por videollamada.

La expectativa era palpable; cada día que pasaba parecía eterno, pero la emoción de saber que pronto compartiríamos ese momento juntos hacía que todo valiera la pena. Cuando finalmente llegó el momento, nos conectamos, con los corazones latiendo al unísono. Al abrir el paquete, pude ver su expresión de sorpresa y alegría, y eso hizo que todo el esfuerzo valiera aún más la pena.

Al iniciar el vídeo, sentí mariposas en el estómago. Mis palabras fluyeron con sinceridad; hablé de mis sentimientos, de lo feliz que me hacía tenerla en mi vida y de lo especial que era para mí. La vi absorber cada palabra, y justo después de que terminé de hablar, comenzó a sonar su música favorita. Las notas resonaron en la habitación mientras las imágenes de nosotros iban pasando en la pantalla. Al ver su reacción, su sonrisa iluminando la pantalla, supe que había hecho lo correcto. Era un instante lleno de magia, en el que nuestras almas parecían unirse aún más, reforzando el vínculo que habíamos empezado a construir.

Ella, en respuesta a mi sorpresa, decidió mandarme algo igual de especial. Junto con su carta, me envió una pequeña llave acompañada de una nota que decía que yo tenía la llave de su corazón. Ese gesto me llenó de alegría y emoción, porque simbolizaba todo lo que sentíamos el uno por el otro. En ese momento supe que, sin importar lo que viniera después, siempre llevaría esos recuerdos grabados en mi corazón.

Segunda carta

Cuando llegó el 6 de febrero, celebramos nuestros dos meses juntos. Como era habitual, le escribí otra carta. Esta vez, expresé no solo mis sentimientos, sino también lo agradecido que estaba por cada momento que habíamos compartido. Hablé de cómo cada día con ella era una nueva aventura y cómo sus pequeños gestos significaban el mundo para mí.

En la carta incluí algunas anécdotas de las cosas que habíamos vivido en este tiempo, los mensajes que nos hacían reír y las noches que pasamos hablando hasta que se nos cerraban los ojos. Le recordé lo especial que era para mí y cómo, a pesar de la distancia, sentía que siempre estaba cerca, como si nuestras almas estuvieran entrelazadas.

Al igual que el primer mes, estaba deseando que llegara el día 6 para poder compartirla con ella a través de una videollamada. Imaginaba su rostro al leer mis palabras y cómo nuestras risas llenarían la pantalla. Cada mes era una celebración, una oportunidad para reafirmar lo que sentíamos el uno por el otro y para soñar con todos los momentos que aún nos quedaban por vivir.

Para San Valentín, quise hacer algo especial que pudiera reflejar todo lo que ella significaba para mí. Así que me puse manos a la obra y creé un corazón grande. En la portada, dibujé un retrato de nosotros dos, uniendo nuestras sonrisas en una imagen que capturaba la esencia de lo que éramos. Cubrí todo el corazón con pétalos, cada uno simbolizando un momento compartido, una risa, un abrazo. Por dentro, escribí un texto sincero donde expresaba mis sentimientos más profundos, todo lo que había experimentado en este tiempo con ella.

En una de las caras del corazón, pegué un sobre que contenía un llavero de corazón hecho de madera, en el que había colocado una foto nuestra. También incluí una llave de madera, simbolizando que ella tenía la llave de mi corazón. Quería que cada detalle tuviera un significado especial y que recordara que, aunque la distancia nos separaba físicamente, siempre estaríamos conectados emocionalmente.

Además, decidí regalarle un peluche tierno y una lámpara en forma de flor. La idea era que cada vez que encendiera la lámpara, pudiera recordar nuestros momentos juntos y la luz que traía a mi vida. Sin embargo, lamentablemente, no pudimos vernos este mes, así que tuve que esperar hasta el próximo para poder entregarle personalmente todo lo que había preparado. La impaciencia y la emoción crecieron en mí, anhelando el momento en que pudiera ver su cara iluminada al abrir esos regalos llenos de amor.

Semana Santa

El día 6 de marzo celebramos nuestro tercer mes juntos; un hito más en nuestra hermosa historia. La emoción se sentía en el aire, especialmente porque había llegado la Semana Santa, y eso significaba que tendríamos la oportunidad de vernos tres días seguidos: Jueves Santo, Viernes Santo y el Sábado Santo.

Cuando nos encontramos el primer día, la felicidad se reflejaba en nuestros rostros. Además de celebrar otro mes juntos, también intercambiamos las cartas que habíamos preparado. Yo le entregué la mía, llena de sentimientos y anhelos, y ella, con una sonrisa que iluminó mi corazón, me entregó su carta junto con los regalos de San Valentín.

Recuerdo que, al abrir el paquete, encontré un polo celeste que me quedó perfecto. Pero lo que realmente me conmovió fue el ramo de flores que ella había hecho a mano, con tanto amor y dedicación. Cada flor parecía contar una historia, y el hecho de que las hubiera creado con sus propias manos me hizo sentir especial y amado. Era un gesto tan significativo, un recordatorio tangible de lo que compartíamos.

Aquella primera jornada de nuestra reunión fue mágica. La alegría de estar juntos se mezclaba con el aroma de las flores y el cariño que había en cada detalle. Sabía que esa Semana Santa sería una de las más memorables de nuestras vidas.

Ese día fue especial, lleno de ternura y complicidad. Desde que nos encontramos, no pudimos dejar de abrazarnos y besarnos, como si el tiempo perdido se evaporara en ese instante. La conexión que compartíamos era intensa. Todo lo que deseábamos era estar juntos, disfrutando de cada segundo.

Decidimos caminar por el paseo marítimo, buscando aquella mesa de picnic donde habíamos pasado momentos inolvidables. Sin embargo, todas estaban ocupadas. Aun así, la frustración se disipó rápidamente al darnos cuenta de que lo que realmente importaba era nuestra compañía, no el lugar. Así que continuamos nuestro camino hasta el principio del puerto, donde nos sentamos a disfrutar del paisaje, de las olas y del tiempo juntos.

Después, encontramos un banco cerca de su casa y nos quedamos ahí, disfrutando del silencio y de la intimidad que nos ofrecía ese momento. Era un refugio perfecto para nosotros, donde podíamos abrazarnos sin preocupaciones, sumidos en nuestras propias burbujas de felicidad. A pesar de que teníamos planes para ir a ver las procesiones con sus padres y su hermana, ambos sabíamos que preferíamos estar solos, compartiendo esa conexión única que teníamos.

La idea de ir con ellos significaba perder esos momentos de cercanía, de besos y de abrazos. Así que decidimos quedarnos un poco más juntos, porque éramos conscientes de que esos pequeños instantes eran lo que realmente alimentaba nuestro amor. Sabíamos que no había prisa; cada segundo era un regalo que atesoraríamos por siempre.

Al día siguiente, la propuesta de ir a ver las procesiones con su familia volvió a surgir, pero, nuevamente, decidimos no acompañarlos. La idea de pasar tiempo juntos, solo nosotros dos, era mucho más tentadora que cualquier desfile. Así que, nada más llegar, buscamos ese banco cerca de su casa, donde todo se sentía más tranquilo y acogedor.

Nos sentamos allí, disfrutando de la brisa y de las pequeñas charlas que manteníamos. Cada risa, cada mirada, era un recordatorio de lo bien que nos sentíamos juntos. Después de un rato, decidimos dar un paseo. Caminamos sin rumbo, hablando de todo y de nada, riendo y disfrutando de la compañía del otro.

Finalmente, regresamos al mismo sitio donde habíamos pasado tanto tiempo el día anterior. Era como si ese lugar se hubiera convertido en nuestro refugio, un espacio donde nuestro amor podía florecer sin interrupciones. Allí estuvimos, abrazados, compartiendo besos y confidencias hasta que llegó la hora de despedirme. Era un momento agridulce; aunque cada despedida era difícil, también sabía que esos momentos compartidos eran valiosos y que pronto volveríamos a encontrarnos.

La idea de irme siempre traía una punzada de tristeza, pero también la certeza de que cada reencuentro sería igual de especial. Con cada abrazo, me prometía a mí mismo que haría lo posible por mantener viva esa chispa entre nosotros.

El tercer día resultó ser el mejor de todos. Pasamos gran parte de la tarde sentados en un banco, disfrutando de la calidez del sol y de la compañía del otro. Las horas parecían volar mientras charlábamos y reíamos, dejando que el mundo se desvaneciera a nuestro alrededor. Luego decidimos trasladarnos al paseo marítimo, donde nos sentamos a contemplar el vaivén de las olas y a disfrutar de la brisa marina.

Fue en ese ambiente tan relajado cuando su madre decidió invitarnos a un granizado de una heladería. La bebida refrescante era perfecta para ese día soleado, y compartimos risas mientras la disfrutábamos. La felicidad de esos momentos era indescriptible, como si cada sorbo nos acercara más el uno al otro.

El olor del mar siempre me ha recordado a Lucía. No era solo el aire salado y fresco lo que evocaba su recuerdo, sino también lo que ese aroma representaba: la libertad, la juventud y la sensación de que el mundo entero estaba a nuestros pies. Pasábamos tardes enteras en la playa, caminando por la orilla, hablando de todo y de nada, con las olas rompiendo suavemente en la arena.

A veces cierro los ojos cuando estoy cerca del mar y puedo sentir su presencia a mi lado, como si el tiempo no hubiera pasado. El viento marino acaricia mi rostro y, por un breve instante, es como si ella estuviera aquí, sonriendo, con su cabello desordenado por la brisa, y el sonido de su risa mezclándose con el murmullo del océano.

Después de pasar un rato en la playa, decidimos acercarnos a sus padres para que le prepararan un bocadillo que pudiéramos compartir. Así, nos encontramos en la estación, donde cenamos juntos, llenando esos instantes con charlas y sonrisas. La hora de despedirme llegó demasiado pronto.

Cuando se acercaron sus padres para despedirse de mí, sentí una punzada en el corazón. Me dolió marcharme; había pasado demasiado tiempo desde la última vez que nos vimos en Navidad. Esta despedida se sentía más amarga que nunca. Aunque estábamos llenos de amor y conexión, la distancia volvía a interponerse entre nosotros, y cada separación se sentía como un recordatorio de lo mucho que anhelábamos estar juntos.

La contra

El 6 de mayo celebramos cinco meses juntos, pero desde Semana Santa no habíamos podido vernos en persona. La distancia se sentía más pesada cada día, aunque tratábamos de mantenernos conectados a través de videollamadas. Hablábamos todos los días. Esos momentos eran un salvavidas en medio de la espera.

Había días en los que hablábamos más, llenando las horas con risas y anécdotas, mientras que en otros, la conversación fluía con más lentitud, pero siempre con el hilo de cariño que nos unía. No nos acostábamos hasta tarde, compartiendo pensamientos y sueños, como si el tiempo se detuviera en esos momentos. A pesar de la distancia, me sentía afortunado de tenerla en mi vida; cada charla me recordaba lo especial que era y lo mucho que anhelaba volver a estar a su lado.

Sin embargo, la falta de esos encuentros en persona me pesaba y a menudo me encontraba deseando que el tiempo pasase más rápido para volver a sentir su abrazo y sus caricias. La espera podía ser agotadora, pero la esperanza de vernos de nuevo me mantenía en pie y me llenaba de energía para seguir adelante.

El día 11 de junio habíamos planeado vernos y aprovechar al máximo el día. Me invitó a su piscina y a dos lugares, uno de los cuales ya conocía y el otro sería una sorpresa. La emoción de volver a estar juntos crecía en mí, pero finalmente me llevé una enorme decepción.

Una serie de malentendidos o imprevistos hicieron que nuestra cita se complicara. Tal vez hubo confusiones sobre la hora o algún compromiso de última hora que se interpuso. Cualquiera que fuese la razón, me dejó un vacío en el pecho. La idea de no poder estar a su lado ese día, de no poder disfrutar de la piscina y de las sorpresas que había preparado, me pesó enormemente.

Traté de recordarme que a veces las cosas no salen como uno espera y que aún había tiempo para crear esos momentos juntos. Pero en este instante, la tristeza y la decepción fueron difíciles de ignorar. Solo esperaba que pudiésemos encontrar otra oportunidad pronto y que, cuando lo hiciésemos, fuese un día lleno de alegría y conexión, como siempre soñé.

Además, era devastador enfrentar la desaprobación de sus padres solo por no tener unos buenos estudios, no haber hecho ninguna oposición o por no tener un buen trabajo, especialmente cuando solo deseaba hacerla feliz y estar a su lado. Me dolía saber que sus decisiones podían estar interfiriendo en algo que parecía tan puro y sincero entre nosotros. Para mí, su reacción era incomprensible, sobre todo cuando mi única intención era ser un apoyo constante y brindarle felicidad a ella.

«Es natural que quieras mirar por su bienestar más que por el tuyo; eso solo demuestra lo mucho que la valoras y lo importante que es para ti. En este momento, lo mejor que puedes hacer es seguir siendo un pilar para ella. Escucharla, apoyarla y estar presente puede ayudarla a sentirse más segura en esta situación complicada. A veces, la confianza y el amor pueden ayudar a abrir puertas que parecían cerradas. Quizás, con el tiempo, sus padres puedan ver lo que tú ves en ella y reconocer el amor genuino que compartís. Mientras tanto, mantente firme en tus sentimientos y en tu deseo de estar a su lado. A veces, la paciencia y la comunicación son claves para navegar por estos desafíos. Ella necesita saber que estás a su lado, sin importar lo que pase». Es todo lo que me repetía cada día.

El compromiso

En junio, escribí la carta correspondiente; la de los seis meses y, además, la de su cumpleaños, que era el 8 de junio.

Por fin llegó el día, el 5 de junio, en que íbamos a vernos, y yo estaba muy ilusionado y con muchos nervios por tenerla entre mis brazos de nuevo. La esperé en la parada nada más llegar a Málaga. Cuando la vi bajar del bus me fui hacía ella y la abracé.

En ese momento, sentí que todo el tiempo de espera y la distancia habían valido la pena. Sus brazos me envolvieron como si nunca nos hubiéramos separado, ese instante fue mágico. Miré a su rostro, sus ojos brillaban con felicidad y su sonrisa iluminaba todo a su alrededor.

Después de unos momentos, decidimos caminar por la ciudad. Cada paso que dábamos juntos me hacía sentir más completo. Me encantaba escuchar su risa mientras contábamos anécdotas y compartíamos sueños. La llevé a un pequeño café que habíamos mencionado en las videollamadas, donde disfrutamos de unas deliciosas tortas y batidos.

A medida que avanzaba el día, el tiempo parecía volar. No podía creer que finalmente estuviese a su lado, creando nuevos recuerdos. Tenía tantas ganas de contarle todo lo que había escrito en la carta, de expresar lo mucho que significaba para mí y lo emocionado que estaba por celebrar nuestro primer medio año juntos.

La tarde se convirtió en noche y decidimos ir a un mirador que había escuchado que ofrecía una vista espectacular de la ciudad. Mientras observábamos las luces parpadeantes, me senté junto a ella y, tomando su mano, le dije que no podía imaginar mi vida sin ella. En ese momento, supe que quería construir un futuro a su lado.

Cuando llegó el momento de entregarle la carta, mis manos temblaban un poco de emoción. La miré a los ojos y le dije que había escrito todo lo que sentía por ella en estos seis meses. Mientras le daba la carta, le entregué la pulsera y los zarcillos que mi tía y mi prima me habían dado para ella. Su rostro se iluminó al ver los regalos y su sonrisa me llenó de alegría.

Ella abrió la carta con curiosidad, y mientras la leía, no podía apartar la mirada de su expresión. Me encantaba verla tan concentrada y feliz. Cuando terminó, levantó la vista y, con una mezcla de sorpresa y ternura, me agradeció. En ese instante, supe que era el momento adecuado para dar el siguiente paso.

Saqué el anillo que había comprado con tanto cariño, mi corazón latía con fuerza. «Quiero que sepas cuánto significas para mí», le dije mientras sostenía el anillo frente a ella. «En estos seis meses, me he sentido más feliz y cómodo a tu lado de lo que jamás imaginé. Quiero compartir mi vida contigo, hacer todo lo que hemos hablado y más».

Ella se quedó en silencio por un momento y luego sus ojos se llenaron de lágrimas de felicidad. «¿De verdad?», preguntó con una voz suave. Asentí, sintiendo que cada palabra era sincera y genuina. Con cuidado, le coloqué el anillo en su dedo, un símbolo de todo lo que sentía y de las promesas que quería hacerle.

Nos abrazamos de nuevo y, en ese instante, el mundo a nuestro alrededor desapareció. Sabía que, sin importar lo que sucediera, quería estar a su lado en cada paso del camino, viviendo aventuras, enfrentando desafíos y construyendo recuerdos juntos.

Con el anillo en su dedo, le pregunté si quería comprometerse conmigo toda la vida entera. En ese instante, el tiempo pareció detenerse. Su respuesta fue un rotundo «sí», y su sonrisa iluminó mi mundo. La alegría y el amor que compartimos en ese momento me llenaron de una felicidad indescriptible. Sabía que, a partir de ese día, nuestro viaje juntos tendría un nuevo significado, un lazo que nos uniría aún más.

Vacaciones de verano

Llegó julio y mi deseo de volver a verla crecía cada día. Contaba las horas y los minutos hasta que pudiera tenerla entre mis brazos nuevamente. Extrañaba profundamente su respiración cerca de mí, el calor de sus abrazos, la dulzura de sus besos y cada caricia que solíamos darnos. La anticipación de nuestros reencuentros me llenaba de energía y emoción. Cada día sin ella se sentía como un reto.

La idea de volver a sentir su piel contra la mía, de perderme en su mirada y de reír juntos como solíamos hacer, era lo que me mantenía motivado. Me pasaba horas pensando en los momentos que íbamos a compartir, en las sorpresas que quería prepararle y en las nuevas experiencias que viviríamos juntos. La relación que habíamos construido en esos meses se sentía muy sólida y estaba decidido a hacerla aún más especial.

Ese mes fue excepcional, superando mis expectativas. Inicialmente, íbamos a vernos solo cuatro días, pero al final, ¡fueron siete! El primer día de julio lo pasamos en la piscina de su bloque, donde disfrutamos del sol, risas y juegos. Era un lugar perfecto para reconectar. Cada rayo de sol parecía amplificar nuestra alegría. Nos lanzábamos al agua, hacíamos carreras y simplemente nos dejábamos llevar por la felicidad del momento.

Sin embargo, los días siguientes fueron aún más mágicos. Nos trasladamos a la playa y la experiencia fue inolvidable. La brisa marina, el sonido de las olas y el calor del sol crearon el ambiente perfecto para nosotros. Pasamos horas caminando por la orilla, recogiendo conchas y disfrutando de cada instante juntos. Nos sentábamos en la arena, compartiendo risas, miradas cómplices y conversaciones profundas. Cada atardecer que veíamos juntos era un espectáculo, un recordatorio de lo afortunados que éramos de tenernos el uno al otro.

Los días en la playa se convirtieron en una mezcla de diversión y ternura. Nos hacíamos fotos, nos dábamos besos bajo el sol y disfrutábamos de helados mientras compartíamos nuestros sueños y planes para el futuro. A veces, nos tumbábamos en la arena y simplemente contemplábamos el cielo, sintiendo que todo el mundo se desvanecía a nuestro alrededor. Era como si solo existiéramos nosotros dos.

Estábamos tan a gusto juntos que cada despedida se volvía más difícil. Las horas pasaban sin que nos diéramos cuenta, absorbidos por la alegría de estar uno al lado del otro. No queríamos movernos de allí, de ese rincón donde el mar y la arena se encontraban, donde nuestras risas resonaban en el aire y donde todo se sentía perfecto. Había algo mágico en esos días; la conexión que compartíamos era más fuerte que nunca y me hacía sentir que finalmente había encontrado un lugar donde pertenecía.

Lo mejor de todo era que habíamos logrado vernos más días que nunca. Cada día se sentía como un regalo. Aunque la despedida era difícil, cada vez que nos decíamos adiós, me prometía a mí mismo que pronto volveríamos a encontrarnos y que esos días juntos serían solo el comienzo de una hermosa historia.

La conexión

El mes de agosto fue sin duda el más importante hasta ahora. La conexión que teníamos se intensificó. Cada encuentro era un paso más hacia algo extraordinario. Estuvimos juntos tanto tiempo que no solo disfrutamos de cada instante, sino que también construimos recuerdos que guardaríamos en nuestros corazones para siempre.

La alegría de vernos más veces era indescriptible. Cada día juntos era una oportunidad para explorar, reír y compartir. Pasamos horas en la playa, sintiendo la brisa marina en nuestros rostros y nos encontramos en diferentes lugares, creando historias nuevas que atesoraríamos. La emoción de cogernos de la mano, de mirarnos a los ojos y de perder la noción del tiempo en nuestras conversaciones llenas de sueños y risas era algo que nunca había experimentado.

Además, la manera en que nos mirábamos, como si supiéramos lo que el otro estaba pensando, hacía que cada momento fuera aún más especial. A menudo me encontraba pensando en lo afortunado que era de tener a alguien tan maravilloso a mi lado. Con cada abrazo, con cada beso, sentía que estábamos construyendo algo hermoso y duradero.

La felicidad que compartimos en agosto fue un recordatorio constante de lo que significábamos el uno para el otro. En esos días llenos de amor y alegría, supe con certeza que estaba viviendo un capítulo inolvidable de mi vida, y no podía esperar a ver qué más nos depararía el futuro.

En agosto, nuestra relación avanzó a pasos agigantados. Cada día parecía estar lleno de nuevos descubrimientos y experiencias compartidas que nos unían más. Las cosas que solían ser simples se volvieron significativas y comenzamos a entendernos de una manera más profunda.

La forma en que ella se reía iluminaba mis días; era como si cada broma, cada tontería que decía, se convirtiera en un lazo invisible que nos ataba aún más. Su risa se volvía mi música favorita y siempre buscaba maneras de sacarle una sonrisa, porque sabía que su felicidad era lo que más valoraba.

La conexión entre nosotros se volvió más fuerte, no solo por los momentos de alegría, sino también por la forma en que nos apoyábamos mutuamente en lo que necesitábamos. Hablábamos de nuestros sueños, nuestras inquietudes y todo lo que nos hacía ser quienes éramos. Cada conversación se convertía en una oportunidad para conocernos mejor, y eso fue lo que más disfruté.

Esa sensación de ir uniendo nuestras vidas, de construir algo juntos, fue lo que me llenó de esperanza. A cada paso, sentía que estábamos creando un hermoso relato que solo nos pertenecía a nosotros. Poco a poco, la complicidad se fue haciendo parte de nuestra rutina y esos momentos cotidianos se convirtieron en joyas que atesoraríamos para siempre.

El día 13 fue una prueba irrefutable de lo mucho que no quería separarme de su lado. Decidió bajar a Málaga para estar conmigo y conocer los rincones más bonitos de la ciudad. Desde el momento en que la vi llegar, una oleada de emoción me invadió. Juntos exploramos calles llenas de historia, paseamos por el puerto y nos perdimos en la belleza de la playa. Cada lugar que visitamos se volvió especial porque estaba con ella.

Esos días fueron superespeciales e importantes para mí. La forma en que sonreía, la manera en que sus ojos brillaban al descubrir algo nuevo, todo me hacía sentir como el hombre más afortunado y feliz del universo. Ella tenía una capacidad mágica para hacer que incluso los momentos más simples se convirtieran en memorias inolvidables.

Cada conversación, cada mirada compartida, cada risa resonando en el aire me reafirmaba en mi decisión de querer construir un futuro juntos. Y así, nos dimos cuenta de que, sin importar cuántos días pasáramos juntos, siempre habría algo nuevo que aprender el uno del otro, algo nuevo que vivir.

El amor en tiempos de pandemia

La llegada de la pandemia de COVID-19 transformó todo lo que conocíamos. El mundo se paralizó, y con él, también lo hizo mi vida. Recuerdo claramente aquellos días en los que la incertidumbre flotaba en el aire como una nube densa. Las noticias eran desalentadoras y el miedo se convirtió en una constante en nuestras vidas.

En medio de esta tormenta, seguía queriendo a Laura. Nos veíamos en momentos limitados. Aunque cada encuentro era especial, también era un recordatorio de lo frágil que era la situación. La primera vez que nos encontramos después de que se establecieran las restricciones, sentí una mezcla de emoción y ansiedad. Mirábamos a nuestro alrededor, conscientes de la distancia física que la pandemia había impuesto entre nosotros.

Mientras caminábamos, la tensión se hizo palpable. Quería tomarle la mano, sentir su calidez, pero el miedo al virus era un muro invisible que nos separaba. A cada paso, sentía que me alejaba un poco más de ella. En lugar de besos y abrazos, había miradas nerviosas y conversaciones cautelosas. Era como si un velo de tristeza cubriera lo que antes había sido puro amor. Me preguntaba si podríamos volver a la normalidad, a esos días de risas y cercanía.

Con el tiempo, la hostelería se volvió insostenible. La falta de clientes y la incertidumbre llevaron al restaurante donde trabajaba a cerrar sus puertas. La tristeza que sentí fue profunda; había creído que había encontrado mi lugar, una forma de expresión que, aunque diferente al arte, me brindaba satisfacción. Sin embargo, sabía que debía seguir adelante.

A los pocos meses de quedarme sin trabajo, vi la oportunidad de unirme a una empresa de multiservicios. Como especialista, me involucré en diferentes proyectos que me permitieron poner en práctica lo que había aprendido en la hostelería, pero también me brindaron la oportunidad de explorar nuevas habilidades. Aunque el trabajo era diferente, encontré consuelo en la rutina y en la posibilidad de seguir aprendiendo.

Sin embargo, el peso de la pandemia seguía presente. Cada vez que veía a Laura, me sentía atrapado entre el deseo de acercarme a ella y el temor de poner en riesgo nuestra salud. Hablábamos a través de mensajes y videollamadas, pero nada podía reemplazar la calidez de su abrazo. En esos momentos de aislamiento, me aferraba a la esperanza de que, algún día, podríamos volver a estar juntos sin miedo, compartir momentos sencillos y disfrutar de la vida como antes.

Fue un tiempo extraño, lleno de cambios y desafíos, pero también de aprendizajes. Aprendí a valorar los pequeños momentos, a buscar la belleza en lo cotidiano y, sobre todo, a ser paciente. Sabía que, a pesar de la distancia física, el amor que sentía por ella era fuerte y que, aunque la pandemia nos había separado, no podía apagar lo que había en mi corazón.

Pero, finalmente, todo explotó en nuestra relación, que llegó a su fin un 14 de febrero, en pleno apogeo de la pandemia. Lo que siempre habíamos considerado un día para celebrar el amor, se convirtió en el momento más doloroso para ambos. Ella estaba enfrentando demasiadas luchas a diario: conflictos con sus padres, la incertidumbre en sus estudios de Magisterio y la preocupación constante por su abuela, quien no solo estaba enferma, sino que además era su pilar fundamental. Todo esto se sumaba a la distancia entre nosotros, que hacía más difícil darnos el apoyo que ambos necesitábamos.

Las preocupaciones y las tensiones de la vida cotidiana terminaron por abrumarla, y aquella carga, que ambos intentábamos compartir en la distancia, se volvió insostenible. Con lágrimas en los ojos y una mezcla de dolor y frustración, me dijo que no podía seguir adelante conmigo. Recuerdo que, aunque intenté convencerla de lo mucho que la amaba, sentía que algo se rompía en cada palabra. Nos despedimos ese día con la promesa de que, de alguna forma, encontraríamos una manera de seguir siendo parte de la vida del otro.

En ese momento, sin embargo, yo tampoco estaba bien. La ruptura dolía, sí, pero en el fondo había algo más. Era una sensación que me recordaba al vacío que había sentido antes, como si volviera a faltar algo importante dentro de mí, un espacio que ninguna relación podía llenar. Fue entonces cuando empezaron a regresar los recuerdos de Lucía. Los sueños volvieron, así como los olores, las imágenes de encuentros que parecían señales, como si su presencia siguiera conmigo de alguna forma, exigiendo ser recordada. Todo lo vivido junto a ella reaparecía con más fuerza, y con ello, la sensación de que había una parte de mí que todavía estaba atrapada en ese amor del pasado.

Con el tiempo, ella se arrepintió de aquella decisión, pero algo en nosotros había cambiado. Las palabras se volvieron difíciles, las llamadas menos frecuentes y, poco a poco, nuestras promesas se transformaron en un silencio rotundo. Quedamos como amigos, pero lentamente, el espacio entre nosotros se hizo tan grande que no tuvimos nada más que decir. Hoy, después de tres años, el silencio sigue siendo lo único que compartimos. No sé nada de ella, solo que fue una etapa que dejó una marca profunda en mi vida, un recuerdo de lo que fue y de lo que pudo haber sido. Y, en el fondo, sigue viva la memoria de lo que significó y lo que su amor dejó en mi corazón, como un capítulo que aún busca su cierre.

El olor del mar
y los sueños compartidos

El aire salado del mar me envolvía, como siempre lo hacía cada vez que volvía a este lugar. Pero hoy era diferente. Estaba sentado en las rocas del puerto y el viento traía consigo algo más que el habitual olor a agua salada y algas: un pasado que aún no había podido dejar atrás.

Cerré los ojos por un momento y me permití revivirlo. Lucía y yo caminábamos por esta misma playa, descalzos, dejando nuestras huellas en la arena húmeda. Ella reía y su risa se mezclaba con el sonido de las olas rompiendo suavemente en la orilla. Sentí su presencia a mi lado, como si el tiempo no hubiera pasado. El viento acariciaba mi rostro de la misma manera que lo hacía entonces, trayendo consigo su fragancia, esa que nunca pude olvidar.

Pasó mucho tiempo antes de que volviese a tener contacto con mi tía Sandra, quien no era cercana, pero siempre había sido parte de mi familia. Una tarde recibí una videollamada de ella, algo que me sorprendió, y aún más cuando me invitó a su boda. Ya sabía de antemano que se casaba, pero no imaginaba que pensara en invitarme. Resultó que mi tío Antonio fue quien insistió en que me incluyera, recordándole que, después de todo, yo era su sobrino. Sin embargo, la invitación tenía un matiz extraño; en la llamada, mencionó que preferiría tener a mi hermano mayor como invitado en mi lugar. Aun así, le había prometido a mi tío que iría, y por él decidí asistir.

La boda se celebraba en un lugar impresionante junto a la playa. Mientras esperaba a que comenzara, con mi padre y mi abuela a mi lado, no podía evitar imaginar otro escenario, uno donde Lucía y yo estuviéramos en ese mismo lugar. Veía el cielo reflejado en el mar y me la imaginaba a ella, vestida de blanco, caminando hacia mí. Era un pensamiento recurrente, un sueño al que mi mente siempre volvía cuando veía un paisaje tan hermoso.

Al final, a pesar de la incomodidad de la invitación, me lo pasé bien, disfruté de la boda y del entorno. Pero lo que se llevó el protagonismo en mi mente fue ese momento en que, aunque estaba presente en otra boda, me transporté a la mía propia, con Lucía a mi lado.

La sombra del pasado

A menudo, Lucía aparecía en mis sueños. Su risa, su mirada, el suave roce de su piel; todo volvía a mí en esos momentos. Había días en los que no me sentía bien, días en los que el peso de la nostalgia era abrumador. Esa tristeza me hizo darme cuenta de que, incluso hoy, no puedo estar con nadie. Me es imposible sentirme cómodo en otros brazos o tocar unos labios que no sean los de ella.

A veces, parecía que su recuerdo se desvanecía, que finalmente la había olvidado. Pero en cuanto pensaba así, aparecía de nuevo en mi mente. Su rostro, su risa, esos momentos compartidos se colaban en mis pensamientos sin previo aviso, como fantasmas que regresan a atormentar a su víctima. La veía cruzar por la calle, a veces tan cerca que casi podía oír su risa, pero siempre éramos como completos desconocidos, dos almas separadas por el tiempo y la distancia.

En esos encuentros fortuitos, sentía un nudo en el estómago. Era como si todo lo que había intentado enterrar saliera a la superficie, recordándome lo que había perdido. Aun así, me obligaba a seguir adelante, a encontrar felicidad en mi nueva vida. Pero, a menudo, mientras estaba con Laura, me sorprendía deseando que fuera Lucía quien me sonriera. Esa dualidad me hacía sentir culpable, como si no pudiera ser completamente feliz sin recordar a la niña que había ocupado un rincón tan especial en mi corazón.

Había algo mágico en el olor de la lluvia cuando caía sobre la tierra mojada. Siempre me recuerda a aquella tarde en que Lucía y yo quedamos atrapados bajo un árbol mientras el cielo se abría sobre nosotros. Las gotas golpeaban las hojas por encima de nuestras cabezas, pero ninguno de los dos se movió. Nos quedamos allí, riendo, cubriéndonos con lo que podíamos, pero sin querer huir de la lluvia.

Ese olor, la mezcla de tierra mojada y el aire fresco de la tormenta, siempre me trae de vuelta a ese momento. No fue solo la lluvia, fue la conexión que compartimos en ese instante, como si el mundo entero se hubiera detenido y solo existiéramos nosotros dos, bajo aquel árbol, sin preocuparnos de nada más.

Encuentro en el Muelle Uno

Era verano de 2021, y aún estaba asimilando el final de mi relación con Laura. Fue en esos días cuando, de repente, una notificación de Instagram captó mi atención. Era un mensaje de una chica llamada Desiré. Al principio, pensé que sería una conversación casual, pero pronto descubrí que ella era diferente. Me hacía preguntas que nadie me había hecho antes: quién era, a qué dedicaba mi vida y cuál era mi propósito. No se conformaba con respuestas simples; quería saber más, profundizar en cada respuesta.

Con el paso de los días, nuestras conversaciones se volvieron más personales. Compartíamos historias. Ella parecía entender cada parte de mi vida, cada anhelo y cada obstáculo. Fue entonces cuando me propuso algo más: encontrarnos en persona. Me gustó la idea, así que acordamos vernos la semana siguiente en el Muelle Uno.

Al llegar, me sorprendió ver que Desiré no estaba sola. Había muchísima gente, todos reunidos en un bar, hablando animadamente. Me saludó y me presentó a varias personas antes de sentarnos. Pronto, un chico, Álvaro, se acercó y comenzó a hacerme preguntas. Su interés no era casual. Cada pregunta me llevaba a una reflexión más profunda: ¿a qué me dedicaba?, ¿cuáles eran mis expectativas para los próximos años?, ¿dónde me veía en cinco años?, ¿cuál era mi sueño? En esos momentos, sentí que me encontraba en el centro de algo especial.

Las horas pasaron casi sin darme cuenta. La conversación era tan estimulante que olvidé el tiempo y el lugar. Finalmente, el chico me habló sobre lo que hacían como grupo. Eran un equipo de personas con metas compartidas, comprometidos a alcanzar sus sueños. Me preguntó si quería unirme a su academia, a lo cual respondí que sí sin dudarlo. Sentía que, si el destino me había llevado allí, tenía que ser por una razón.

Esa misma noche, tuve la oportunidad de asistir a un directo en el que hablaban de la academia y de las clases. Vi cómo funcionaba la plataforma desde dentro, y con cada detalle, mi entusiasmo crecía. Entendí que, aunque el camino pudiera ser difícil, esta era una puerta hacia mis sueños. No sabía lo que me esperaba, pero estaba listo para descubrirlo.

Parra, el amigo confidente

Después de aquel verano en 2021, cuando Desiré apareció inesperadamente en mi vida, descubrí que no solo había conocido a una persona increíble, sino que ese encuentro traía consigo a otras almas que marcarían mi camino. A través de ella, conocí a personas que compartían sueños y ambiciones. Algunos de ellos terminaron formando parte de mi historia de maneras que nunca habría imaginado. De entre todos, hubo alguien con quien surgió un vínculo especial y diferente: Parra.

Desde el primer instante, Parra y yo conectamos de una manera inusual. Nos encontramos en uno de esos eventos organizados por Desiré y su grupo. Cuando la reunión estaba terminando, sin saber bien cómo, Parra y yo nos quedamos en una esquina conversando. Lo que comenzó como una charla casual pronto se convirtió en algo mucho más profundo. Desde el minuto uno, le hablé de Lucía, de todo lo que significaba para mí y de los sentimientos que seguía llevando dentro. Parra me escuchó con una atención genuina y, sin juzgarme, comprendió cada palabra como si hubiera compartido esos recuerdos conmigo.

Esa noche, regresamos juntos en el tren a Málaga y la conversación fluyó sin esfuerzo. Compartir con él lo que sentía por Lucía, mis dudas y mis sueños, me hacía sentir que estaba hablando con un hermano que siempre había estado ahí. Esa primera conversación marcó el inicio de algo especial; desde entonces, Parra se convirtió en el confidente que sabía más sobre mis sentimientos que nadie, en alguien que podía leer en mis palabras lo que quizás yo mismo aún no entendía del todo.

Con el tiempo, nuestra amistad se hizo más fuerte. Parra empezó a aparecer en mi vida en los momentos más inesperados y, a veces, en los que más necesitaba un apoyo. Venía a mi casa solo para vernos, y cada salida, ya fuera a comer, a tomar algo o incluso a las noches de feria, fortalecía esa hermandad entre nosotros. Era la única persona a la que podía contarle mis alegrías, mis preocupaciones y, sobre todo, mis recuerdos de Lucía sin temor a ser incomprendido. Parra no solo entendía mis sentimientos; los compartía conmigo, los respetaba y siempre tenía las palabras exactas para ayudarme a encontrar claridad.

Parra se convirtió en alguien fundamental para mí. Fue ese amigo que supo descifrar mis miedos y mis anhelos, ese apoyo incondicional que me daba fuerzas para seguir adelante. Con cada conversación, cada salida, y cada pequeño gesto de bondad, entendí que en él había encontrado un pilar, una persona que creía en mí sin reservas. Gracias a Parra, aprendí que los verdaderos hermanos no siempre comparten nuestra sangre, pero sí ese lazo invisible de lealtad y comprensión que solo se encuentra en la verdadera amistad.

Hechizo de amor

No puedo estar en otros brazos que no sean los de ella ni tocar otros labios que no sean los suyos. La idea de entregarme a alguien más, de abrir mi corazón a una nueva persona, es imposible. Sus recuerdos me inundan la mente, llenando cada rincón de mi ser. Es como si cada pensamiento estuviera pintado con su esencia, cada instante colmado de su risa.

El olor de su perfume invade mis sentidos de manera constante. A donde quiera que vaya, su fragancia me persigue, un recordatorio sutil de lo que una vez tuvimos. Puedo sentirlo en el aire, como si ella estuviera ahí, a mi lado, incluso cuando sé que no es así. Ese aroma se ha convertido en un eco de nuestro tiempo juntos, un hilo invisible que me une a su recuerdo.

No entiendo muy bien lo que me pasa. Es como si mi corazón estuviera atrapado bajo un hechizo de magia, un encantamiento del que no puedo escapar. Cada día, me levanto con la esperanza de que el tiempo me ayude a sanar, de que el dolor disminuya y me permita avanzar. Pero en el fondo, sé que ese hechizo tiene un poder que me retiene.

A veces me pregunto si alguna vez encontraré la cura a este amor que me consume. ¿Es posible que exista alguien que logre romper ese encantamiento? O tal vez, esta sensación de estar atrapado sea simplemente una parte de mí que no puede olvidar, que no quiere dejar ir. Ojalá llegue el día en que pueda mirar hacia el futuro sin la carga del pasado, sin que su recuerdo me abrume. Pero por ahora, sigo aquí esperando a que ese momento llegue.

Cada vez que huelo el aroma de un guiso o un pastel recién hecho, vuelvo a estar en la casa de Lucía. Su madre cocinaba como si fuera un ritual sagrado. El olor a especias y pan horneado se colaba por cada rincón de la casa. Solíamos sentarnos en la cocina, hablando y riendo, mientras esperábamos que la comida estuviera lista.

Ese olor me transporta. Es como si cada vez que cierro los ojos y lo percibo, pudiese ver a Lucía a mi lado, jugando con su cuchara, riendo por alguna broma tonta que había hecho. La cocina estaba llena de vida, pero para mí, era su risa lo que llenaba ese espacio. Es curioso cómo los olores pueden traer de vuelta los momentos más simples, pero también los más preciados.

El primer viaje

En octubre de 2022 era la primera vez que salía de mi ciudad para un viaje propio. El primer vuelo que tomaría y el primer salto a algo diferente. La emoción y los nervios se entremezclaban mientras aguardaba ese viaje junto a mis amigos, entre los que se encontraba mi confidente, mi hermano, quien hizo posible este momento al encargarse de los gastos. Era algo más que un viaje: era la oportunidad de descubrir lo que el mundo tenía para ofrecerme.

El destino era Tarragona, y la ocasión, pasar Halloween en un hotel junto a un grupo variado de emprendedores. Cuando llegamos, el ambiente era tan dinámico y enérgico que me sentí como si estuviera en otro universo. Cada persona que conocía traía consigo una historia, una pasión, un proyecto distinto. Había quienes se dedicaban a las criptomonedas, otros al *e-commerce,* y algunos ya tenían su propia marca, algo que yo, en el fondo, también soñaba con construir.

Pasamos tres días rodeados de conversaciones llenas de ideas, intercambiando conocimientos y consejos. Incluso organizamos una fiesta de disfraces donde todos dimos rienda suelta a la creatividad. Era Halloween. La combinación de la celebración y el ambiente de emprendimiento era perfecta, llena de entusiasmo y camaradería.

Aquel viaje no fue solo una experiencia, sino un momento que me hizo abrir los ojos y darme cuenta de que mis sueños estaban al alcance. Escuchar las experiencias de los demás y ver cómo cada uno había encontrado su camino me dio el impulso necesario para empezar a trabajar en mi marca deportiva personal. Era como si, en esos tres días, me hubiera empapado del espíritu emprendedor que tanto había deseado.

Volver a casa después de esos días fue regresar con una visión renovada. Aquella escapada a Tarragona fue el inicio de algo grande para mí. Entendí que la libertad de crear y de seguir mis propias pasiones era posible. Y lo mejor de todo es que no estaba solo; tenía a mi hermano, a mis amigos y un mundo de posibilidades esperándome.

Buscando respuestas

Hoy en día, no consigo respuestas a mi situación. Es un ciclo sin fin: cuando por fin consigo recuperarme, mi mente empieza a controlar mis pensamientos y me lleva a buscarla en las redes sociales. Cada vez que la encuentro, me pierdo entre sus fotos y vuelvo a caer en el abismo de recuerdos y emociones que creía haber dejado atrás.

Recuerdo una noche de agosto, durante la feria, cuando mi prima Cristina se encontró con ella. Empezó a hacerle preguntas sobre mí, y mi prima, al ver que se marchaba, no dudó en llamarme. «¿Sabes quién ha preguntado por ti?», me preguntó con un tono que me hizo sentir un cosquilleo en el estómago. No tenía ni idea de quién podría ser, así que respondí que no. Entonces me reveló que era la chica por la que muero desde niño. En ese momento, no podía creer lo que estaba escuchando. Pero luego mi prima añadió que estaba borracha.

Colgué el teléfono y mi corazón se aceleró. Sin pensarlo dos veces, me preparé lo más rápido que pude y salí corriendo en busca de ella. La preocupación me inundaba; no quería que le pasara nada. Mi mente imaginaba un montón de escenarios horribles, pero lo que más me inquietaba era que pensara que no me importaba, que no estaba allí para protegerla.

Cuando finalmente llegué, encontré a mi prima. Ella me informó de que ya se había ido a su casa, que estaba con una amiga. En ese instante, dejé descansar mi cuerpo y los nervios y el miedo que sentía se esfumaron al saber que no estaba sola, que había tomado la decisión correcta al marcharse. Pero, a pesar del alivio, la angustia seguía en mi pecho, como un eco persistente que me recordaba que, aunque se alejaba físicamente, mi conexión con ella seguía intacta.

Esa noche, mientras regresaba a casa, me encontré atrapado en un mar de pensamientos. ¿Por qué seguía importándome tanto? ¿Por qué no podía dejarla ir? A medida que las luces de la feria se desvanecían a mi alrededor, me di cuenta de que no solo la había perdido a ella; también había perdido una parte de mí mismo.

Las flores siempre me han recordado a Lucía. Ella solía darme pequeñas flores que recogía por el camino cuando nos encontrábamos. Nunca era un ramo grande ni nada demasiado elaborado, pero cada flor llevaba consigo su aroma suave, un recordatorio de que había pensado en mí durante el día.

Cada vez que paso por un jardín y huelo el aroma de las flores silvestres, es como si volviera a esos días en los que me entregaba esas pequeñas muestras de cariño. A veces me sorprendo buscando ese olor específico, esperando sentir nuevamente esa conexión que compartimos, como si las flores pudieran traer de vuelta algo más que solo recuerdos, como si pudieran devolverme una parte de ella.

El encuentro inesperado

A partir de esa noche, no volví a saber nada de ella. Las semanas se convirtieron en meses. Esos meses se desvanecieron en un vacío donde los recuerdos de su risa y su voz me atormentaban en silencio. La vida continuó, pero sin su presencia, todo se sentía un poco más gris, un poco más vacío.

Sin embargo, el destino decidió darme otra oportunidad. Al salir del portal de mi edificio, casi me tropecé con ella. Iba junto a su hermana y, en ese instante, nuestras miradas se encontraron. El tiempo pareció detenerse; todo a mi alrededor se desvaneció y solo existimos nosotros dos.

Sentí un escalofrío que recorrió toda mi piel, un hormigueo que despertó recuerdos olvidados. Era como si el universo me estuviera diciendo que todavía había algo entre nosotros. Sin embargo, el silencio nos venció. Nos quedamos mirándonos, como si las palabras que alguna vez compartimos se hubieran perdido entre las sombras del pasado.

Quería decirle tantas cosas: que la había extrañado, que su ausencia había dejado un vacío en mi corazón, que cada día sin ella había sido una batalla constante. Pero el miedo, ese viejo amigo que nunca se aleja, me atrapó una vez más. ¿Y si ella ya no sentía lo mismo?

Al final, ambos seguimos nuestro camino y el momento se desvaneció como una ilusión. Pero esa breve conexión dejó un rastro ardiente en mi pecho, un recordatorio de que el amor verdadero nunca se olvida, solo se oculta, esperando la oportunidad de renacer. Esa noche, mientras me acomodaba en la cama, sabía que el encuentro no había sido un simple accidente; era una señal de que tal vez, solo tal vez, nuestros caminos estaban destinados a cruzarse una vez más.

Sentimientos inquebrantables

Han pasado diecisiete años desde que nuestras vidas tomaron caminos diferentes, pero todavía hoy sigo sintiendo lo mismo que el día en que la conocí. Siempre he pensado que ella es un ángel que Dios ha puesto en mi camino y que me ha creado con un solo propósito: amar a esta mujer maravillosa.

En ella he encontrado lo que siempre he buscado; una conexión tan profunda que me hace sentir que no puedo amar a nadie más. Su esencia ha llenado mi vida de significado. Lo que siento por ella no es solo amor, es una devoción casi espiritual, un vínculo que va más allá de las palabras.

Cada vez que la veo, siento que se activa en mí algo más que el simple deseo o la atracción, como si una energía poderosa fluyera a través de mí. Es una energía pura, un flujo de sentimientos que me envuelven y me transportan a un lugar donde solo existimos nosotros dos. Pero a la vez, hay una barrera invisible, una pared cargada de esa misma energía que nos impide estar juntos plenamente. A veces me pregunto si esa barrera es un desafío que debemos superar o un recordatorio de que hay algo más grande que nosotros en juego.

Esta lucha interna me deja atrapado entre la esperanza y la resignación. Quiero creer que, al final, el destino nos unirá de la manera que está destinada a ser. La idea de que hay un propósito en todo esto me da fuerza para seguir adelante, para continuar creyendo que, a pesar de las circunstancias, ella está en mi vida por una razón. Y aunque a veces me siento impotente, también sé que el amor que siento por ella es un faro que nunca se apaga, una llama que sigue viva a pesar de la distancia y el tiempo.

Así, mientras sigo soñando con ese momento en que finalmente podamos derribar esa pared y estar juntos, me aferro a la certeza de que ella es mi ángel, y que, en algún lugar del futuro, nuestras almas se encontrarán, listas para crear una historia que trascienda lo terrenal. ¿Será posible que, después de todo este tiempo, todavía haya una oportunidad para nosotros?

El nudo del destino

Hoy en día, no hago más que darle vueltas y vueltas a mi cabeza, como si fuera un engranaje oxidado que no deja de girar sin rumbo. Pienso que nuestros caminos están de algún modo entrelazados, como hilos de un tejido que, a pesar de todo, siguen unidos. Sin embargo, hay un nudo en ese hilo, un obstáculo invisible que impide que nos unamos como debíamos. Cada día que pasa, siento cómo ese nudo se aprieta un poco más, y con él, mi corazón se siente más atrapado. No puedo evitar pensar que, si pudiéramos encontrar el valor para acercarnos el uno al otro, el nudo podría deshacerse. Pero, ¿cómo romper el silencio que se ha interpuesto entre nosotros?

A medida que el tiempo avanza, me inunda una sensación de desesperanza. La vida parece avanzar a su propio ritmo, mientras yo me quedo estancado en un ciclo de pensamientos repetitivos y melancólicos. La imagen de su sonrisa, que solía ser un refugio, ahora se convierte en una fuente de angustia.

A veces, me pregunto si ella también siente este nudo en su corazón. ¿Piensa en mí de la misma manera en la que yo pienso en ella? ¿Anhela el mismo futuro que yo? La incertidumbre me devora y me siento atrapado en otra dimensión. Es como si estuviera al otro lado del espejo, viendo mi vida desde la distancia, incapaz de cruzar la barrera que nos separa.

«Por siempre juntos, ¿recuerdas?». Esa frase resuena en mi mente como un eco, una promesa que aún se siente viva en lo más profundo de mi ser. Aún recuerdo ese primer beso que nos dimos jugando al juego del conejo de la suerte, al que todos nos obligaban a jugar. El nerviosismo en el aire, las risas que llenaban el ambiente y, de repente, el mundo se detuvo cuando nuestros labios se encontraron.

Fue un instante mágico, casi irreal. Recuerdo el calor de su piel y la dulzura de sus labios, un toque que encendió una chispa en mi interior. El murmullo del resto de los niños se desvaneció y solo existíamos nosotros, perdidos en un momento que sentí que cambiaría nuestras vidas para siempre. Nunca había experimentado algo así; era como si el tiempo se hubiera detenido y todo lo que importara en ese instante fuese ella.

Desde entonces, ese recuerdo se ha convertido en un refugio, un lugar al que regreso una y otra vez cuando la melancolía se apodera de mí. Ese beso, inocente y lleno de promesas, fue el inicio de algo que jamás pudo ser. Recuerdo la forma en que su risa iluminaba su rostro y cómo mis nervios se disiparon al ver su sonrisa. Era como si todo encajara, como si en ese momento todo tuviera sentido.

A lo largo de los años, me he dado cuenta de que los olores son las llaves que abren las puertas del pasado. A veces, un simple aroma que se cuela en mi mente y, de repente, me encuentro de nuevo en el patio de recreo, en la cocina de Lucía o bajo la lluvia con ella.

Los olores son fantasmas que me persiguen, pero no me asustan. Me recuerdan lo que fue, lo que amé y lo que perdí. Y aunque esos momentos ya no existen, cada vez que percibo uno de esos aromas, es como si una parte de mí regresara a casa, aunque solo sea por un instante.

Recuerdos de un amor

Recuerdo cada detalle de aquellos días en que su madre me invitaba a comer en su casa. La mesa siempre estaba llena de platos coloridos, cada uno más apetitoso que el anterior. Ella se preocupaba por mí. Me veía delgado y quería que cogiera un poco de peso. A menudo, me obligaba a comer más de lo que podía, riendo mientras me llenaba el plato. «Come, que estás como un palillo», solía decirme con su acento cariñoso. Esos momentos eran una mezcla de cariño y calidez, un refugio del mundo exterior.

Nunca se me olvidará su cumpleaños, esa fecha que marcaba el inicio de su año. La emoción en sus ojos cuando abría los regalos, las risas compartidas entre amigos y familiares. Recuerdo cómo se iluminaba su rostro al recibir un detalle, ese brillo que reflejaba la felicidad pura. Celebrábamos a lo grande, con pasteles y juegos, mientras el sol brillaba alto en el cielo. Era un día especial no solo para ella, sino para todos los que la rodeaban.

Su color favorito siempre fue el azul, un tono que parecía complementar su personalidad vivaz. Se lo decía a todos y yo me aseguraba de recordarlo, de hacerle pequeños regalos en ese color, como un gesto de cariño. A veces, la sorprendía con un simple objeto azul que encontraba en una tienda. Su sonrisa era suficiente recompensa.

Y qué decir de sus canciones, sus gustos y sus artistas favoritos. Cada vez que escucho su música, siento una conexión profunda con ella. Eran melodías que llenaban el aire de nuestra infancia, que sonaban en cada rincón de nuestras charlas. Sabía cómo se movía su corazón al compás de cada letra, como si las canciones estuvieran escritas solo para ella.

Creo que como yo la conozco, muy poca gente la conocerá. Las pequeñas cosas que para otros podrían parecer triviales eran para mí los detalles que definían su esencia. Su risa contagiosa, su forma de hablar, las manías que solo yo entendía. Las memorias que compartimos construyeron un lazo especial, una conexión que siento que nunca se romperá.

Hace un par de noches, tuve un sueño que todavía me tiene atrapado. Me vi sentado en una clase, un lugar que solía ser familiar, pero en el que todo se sentía diferente. Ella estaba allí, justo delante de mí, su presencia iluminaba la habitación. Volteó su cabeza para mirarme, y al hacerlo, su sonrisa se dibujó en su rostro, cálida y contagiosa. Fue como si el tiempo se detuviera en ese instante; su risa llenó el aire, y todo a mi alrededor se desvaneció.

En el sueño, podía sentir la conexión entre nosotros, esa química que siempre había estado ahí, esperando ser reconocida. Su mirada profunda me atrapó y, por un momento, creí que podía tocarla, que podía alcanzar ese sueño que se sentía tan real. La alegría que emanaba de ella me envolvió. Me desperté con una sonrisa en el rostro, aunque el corazón seguía lleno de anhelo.

Desperté con la sensación de que había estado más cerca de ella que en años. Quería quedarme en ese sueño, aferrarme a esa alegría efímera que me había brindado. Pero, al abrir los ojos, la realidad me golpeó: ella seguía estando lejos, separada por un abismo de tiempo y circunstancias.

Hoy volví a soñar con ella, pero este sueño fue mucho más extraño. En él, la vi envejecida, con un niño que imaginé que era nuestro nieto. La escena era tan surrealista y, sin embargo, tan reconfortante. Su rostro seguía siendo el mismo; la misma cara que había amado desde la infancia, con esa sonrisa que me vuelve loco, con ese hoyito que se le forma en la mejilla.

Era como si el tiempo no hubiera pasado para ella. Aunque su piel mostraba las huellas de los años, esa esencia suya seguía intacta. La sonrisa era la misma que recordaba, un destello de luz en su rostro que iluminaba todo a su alrededor. La vi jugar con el niño, su risa resonaba en el aire, y sentí un cosquilleo en el corazón, como si todo encajara.

En el sueño, estaba ahí, observándola a pocos centímetros, sintiendo una mezcla de alegría y melancolía. El amor que había sentido por ella seguía ardiendo en mi pecho, pero ahora había algo más: una profunda admiración por la mujer en la que se había convertido. Me imaginé como un espectador silencioso en su vida, anhelando ser parte de ella.

Sin embargo, el sueño también trajo consigo una tristeza. Al ver esa vida que no era la mía, comprendí que había perdido tantas oportunidades. ¿Cuántas veces había soñado con compartir momentos así? La idea de un futuro que no llegué a construir a su lado me golpeó con fuerza.

Al despertar, la sensación de vacío era abrumadora. La realidad me devolvió a mis días melancólicos, donde solo podía aferrarme a los recuerdos y a las esperanzas. Todo lo que podía hacer era seguir soñando, esperando que algún día esos sueños se convirtieran en algo más que una ilusión.

Una voz en la iglesia

El sueño comenzó en una penumbra casi sagrada, como si el silencio de una iglesia antigua me envolviera desde el mismo instante en que aparecí allí. Las paredes, frías y llenas de sombras, parecían latir con una vida propia, como si guardaran secretos enterrados hacía siglos. Caminé entre los bancos de madera vacíos. Mi respiración resonaba suave en el aire, como un murmullo inquietante que se mezclaba con la atmósfera misteriosa del lugar.

De pronto, una voz rompió el silencio, un eco que venía desde algún rincón invisible de la iglesia. Era la voz de una mujer, etérea y distante, como si me hablara desde el pasado o desde otro plano, uno inalcanzable y oscuro. La voz resonaba en cada rincón, como si quisiera que su mensaje quedara grabado en mi mente, como si fuera algo que llevaba años tratando de decirme.

«Fue tu culpa», decía, cada palabra golpeando como una verdad incontestable. Y luego, en un susurro más suave, pero igualmente penetrante, agregó: «Fue hace cinco años…».

Mi mente intentó procesar lo que escuchaba, pero la inquietud se mezcló con la confusión. ¿Qué había sucedido cinco años atrás? ¿A qué se refería esa voz? La culpa que la mujer me atribuía se filtraba en mi pecho, llenando el espacio con una sensación de peso y angustia. Busqué con la mirada, pero no había nadie. Era como si la voz formara parte de las sombras, de los ecos que se escondían entre los muros antiguos.

Di un paso hacia adelante, como si eso me acercara a la respuesta, a lo que fuera que intentaba decirme, pero la voz se desvaneció de golpe, dejándome en un silencio aún más profundo. En ese instante, un escalofrío me recorrió. Sentí que la iglesia me observaba, que el peso de esa culpa, aunque incomprensible, ahora formaba parte de mí.

Me desperté de golpe. Mi corazón latía con fuerza y la sensación de culpa aún pesaba en mí, aunque no supiera de qué o por qué. La voz y sus palabras seguían resonando en mi mente, como si hubiera algo en el pasado que intentaba recordarme, algo que mi inconsciente no estaba dispuesto a dejar ir.

Un sueño revelador

Era una noche tranquila y mientras el mundo a mi alrededor se sumía en el silencio, un sueño comenzó a tomar forma en mi mente. En él, apareció la hermana de Lucía acompañada por su novio. La escena se desarrolló en mi casa, un lugar familiar que en ese momento se sentía lleno de posibilidades.

Ellos llegaron con una energía vibrante, como si estuvieran trayendo consigo un pedazo de alegría. La hermana, con una sonrisa amplia, se acercó a mí y, en un gesto casi ceremonial, me mostró unas cartas que Lucía había escrito para mí desde hacía tiempo. Las cartas eran un tesoro oculto, palabras que nunca habían llegado a mí, pero que llevaban consigo el peso de un amor no expresado.

Luego, la atmósfera cambió y nos encontramos en una terraza celebrando algo que nunca logré identificar del todo. La noche estaba viva con risas y música y, de repente, me di cuenta de que los vecinos también se habían unido. Desde sus terrazas, todos compartían la alegría de ese momento. Las luces se encendían, las conversaciones llenaban el aire y el aroma de la barbacoa comenzaba a invadir el espacio.

El sentido de comunidad era palpable. Ver a todos los vecinos reunidos, apoyándose mutuamente, me llenó de una calidez indescriptible. Era como si, en esa celebración, cada persona hubiera dejado atrás sus diferencias y se unieran en una sola voz, creando un coro de felicidad y conexión. La hermana actuaba como un faro en medio de esta reunión, luchando por lo que creía y defendiendo esos lazos que nos unían a todos.

Al despertar, quedé con una mezcla de emociones. Ese sueño, aunque efímero, me dejó reflexionando sobre las cartas de Lucía y lo que hubiera podido ser. La idea de una celebración con todos mis vecinos me hizo pensar en cómo, a menudo, las conexiones con los demás pueden ser tan significativas como las relaciones más cercanas. La lucha de su hermana por mantener viva esa comunidad me recordó la importancia de los vínculos que construimos en nuestras vidas.

Me sentí agradecido por la comunidad que me rodeaba, por las personas que luchaban por mí y por los lazos que, aunque a veces parecieran frágiles, son capaces de brindarnos una fortaleza inmensa. A veces, los sueños nos revelan verdades que necesitamos escuchar, y los de esta noche me enseñaron que, por el amor, en todas sus formas, siempre vale la pena luchar.

El tarot y la esperanza

Fue hace un tiempo cuando decidí que necesitaba respuestas. Algo en mí seguía buscando la verdad sobre Lucía. La necesidad de entender me llevó a dar un paso inesperado, a intentar descubrir lo que sus ojos callaban cada vez que nos cruzábamos.

En un impulso, decidí visitar a una tarotista. Quizá, pensé que las cartas podrían decirme lo que mis propios pensamientos no alcanzaban a comprender. Me senté frente a ella y, en ese espacio pequeño y lleno de misterio, dejé que colocara las cartas una a una, esperando que ellas hablaran en su nombre, que descifraran los sentimientos que Lucía guardaba en el silencio.

La tarotista me miró, y en su voz escuché palabras que me estremecieron. Me dijo que había alguien de mi pasado, alguien cercano, del barrio, que aún sentía cosas por mí. Según sus palabras, esa persona seguía guardando en su corazón lo que compartimos y cada vez que nos cruzábamos, cada vez que nuestras miradas se encontraban, algo en ella se encendía. «Se le pone la piel de gallina al verte», me dijo, con una certeza que me dejó sin palabras.

Mis pensamientos no tardaron en volar hacia Lucía. La posibilidad de que, en algún rincón de su alma, ella también albergara lo que yo sentía desde hace tanto tiempo me llenaba de esperanza. La tarotista me dijo que ella había estado esperando que yo diera el primer paso, que me acercara, que dejara atrás todo lo que nos había distanciado para poder, por fin, hablar de lo que sentíamos.

Salí de esa sesión con una mezcla de emociones: ilusión, duda y un deseo renovado de reencontrarme con Lucía. Las palabras de la tarotista resonaban en mi mente, como un eco que me invitaba a ser valiente, a tomar la decisión de acercarme y descubrir, de una vez por todas, lo que verdaderamente guardaba su corazón.

Desde aquel día, la idea de hablar con Lucía, de pedirle perdón y abrir mi corazón, se convirtió en una posibilidad real. Quizás, pensé, todo lo que necesitaba era ese empujón, esa señal que me impulsara a enfrentar mis miedos y a recuperar lo que alguna vez compartimos. Y aunque no sé qué pasará, sigo adelante, con la esperanza de que, tal vez, las cartas solo hayan sido un reflejo de lo que ambos sentimos en silencio.

Las noches de feria
y la esperanza silenciosa

Las luces de la feria iluminaban el cielo de la ciudad cada noche, llenando el aire de risas, música y el constante bullicio de la gente. Pero para mí, cada paso que daba entre la multitud tenía un propósito distinto. Mientras el mundo disfrutaba de la fiesta, yo me encontraba siguiendo un rastro invisible, uno que me mantenía con la esperanza de un encuentro fortuito con Lucía.

No la había visto desde hacía meses, pero sabía que su hermana estaba disfrutando de la feria. Lo sabía porque, en el silencio de mi habitación, revisaba sus redes sociales, observando sus publicaciones y actualizaciones. Cada vez que veía una nueva foto o historia, el corazón me latía más rápido. ¿Estaría Lucía con ella? Cada imagen que veía, cada rincón de la feria que visitaban me hacía imaginar que Lucía estaba cerca, que en cualquier momento podría cruzarme con ella.

Había escrito una carta para ella. Un mensaje lleno de todo lo que no me había atrevido a decirle en todos estos años. Cada noche, caminaba por la feria con esa misma carta arrugada en mi bolsillo, la que había escrito con tanto cuidado, esperando encontrar la oportunidad perfecta para dársela. Me movía por los mismos lugares que su hermana visitaba, buscando su rostro entre la multitud, esperando que, tal vez, el destino me regalara una última oportunidad de verla.

Pasaba entre las luces de los puestos, los juegos mecánicos, los vendedores ambulantes, siempre con la mirada alerta, buscando entre las caras desconocidas el rostro que había estado grabado en mi mente durante tanto tiempo. Cada vez que creía ver a alguien parecido a ella, mi corazón se detenía por un segundo. Pero entonces, la figura se desvanecía entre la multitud y me quedaba con ese vacío, esa mezcla de esperanza y desilusión que solo el amor no correspondido podía crear.

Me preguntaba si ella también me estaría buscando. Si, al igual que yo, caminaba por la feria con la esperanza de un encuentro casual. Pero sabía que, probablemente, ella estaría allí, disfrutando de la fiesta, riendo y bailando, sin saber que yo estaba tan cerca, moviéndome a la sombra de su hermana, esperando una oportunidad que quizá nunca llegaría.

Las noches pasaban y cada vez sentía que la posibilidad de encontrarme con ella se desvanecía un poco más. Mis manos jugaban con la carta en mi bolsillo, arrugada, casi deshecha, como mi propia esperanza. Me imaginaba ese encuentro: yo caminando casualmente, ella girando la cabeza y nuestras miradas encontrándose de nuevo. ¿Qué haría si eso sucediera? ¿Tendría el valor de darle la carta? ¿O me congelaría, como tantas veces antes?

Con el paso de los días, empecé a darme cuenta de que lo que realmente me detenía no era la falta de oportunidad, sino el miedo a que el amor que una vez compartimos ya no existiera. Quizá había estado buscando a Lucía en todos esos lugares, siguiendo las pistas de su hermana, solo para evitar enfrentar la verdad. ¿Y si ya no era la misma persona? ¿Y si, al encontrarla, descubríamos que habíamos cambiado demasiado?

Una noche, después de caminar de nuevo sin éxito por la feria, decidí que ya no podía seguir así. Necesitaba que ella supiera lo que sentía, aunque fuera sin verla. Así que, en un impulso, me dirigí a su casa. El camino hasta su buzón fue largo, cada paso me parecía más pesado que el anterior.

Cuando llegué frente a su casa, el silencio de la noche era lo único que me acompañaba. Todo estaba oscuro, pero mi corazón latía con fuerza. Metí la mano en el bolsillo, saqué la carta y, con una mezcla de miedo y esperanza, la dejé en su buzón. Me quedé allí un momento, mirando la casa, preguntándome qué pasaría cuando leyera esas palabras, si alguna vez llegaría a entender lo que había querido decirle desde hacía tanto tiempo.

Pero esa sensación de alivio no duró mucho. Al día siguiente, me desperté con una sensación de pánico en el pecho. ¿Qué había hecho? ¿De verdad quería que leyera esas palabras? Me inundó el miedo; miedo a que no respondiera, a que no sintiera lo mismo, a que esa carta pudiera cambiarlo todo de manera irrevocable. El arrepentimiento se apoderó de mí.

No podía dejar que leyera esa carta. Decidí volver a su casa esa misma mañana. Fui antes de que el día comenzara y, cuando llegué al buzón, mi corazón latía como si estuviera a punto de cometer un crimen. La carta seguía allí, intacta. La saqué con manos temblorosas y me la guardé de nuevo en el bolsillo. Sentí una mezcla de alivio y tristeza. Nadie sabría nunca lo que contenía esa carta y, en el fondo, me preguntaba si había hecho lo correcto.

De vuelta en casa, me senté en mi cama, con la carta en las manos. No podía dejar de preguntarme cómo hubiera sido si hubiera tenido el valor de dejarla allí. Pero ya era tarde para arrepentimientos. Tal vez, en el fondo, siempre tuve miedo de que su respuesta no fuera la que esperaba. Tal vez prefería vivir con la idea de lo que podría haber sido, en lugar de enfrentar la realidad de lo que era.

Llegó la última noche de la feria, y con ella, una sensación de inevitabilidad. Había pasado toda la semana persiguiendo un fantasma, pero esa noche, algo era diferente. Las luces brillaban con la misma intensidad, la música seguía resonando en el aire, pero dentro de mí, todo parecía desvanecerse.

Aquella última noche me movía más lento, como si supiera que todo lo que había esperado estaba llegando a su fin. El bullicio de la feria me envolvía, pero al mismo tiempo, me hacía sentir más solo que nunca. Las luces parpadeantes, los juegos mecánicos girando, los gritos emocionados de la gente... todo parecía tan lejano de lo que yo estaba viviendo en mi interior. Me pregunté, por enésima vez, si Lucía estaba en algún rincón de esa feria, riendo, disfrutando, sin saber que yo estaba allí esperando por ella.

Me senté en un banco, mirando cómo la gente se dispersaba poco a poco. Sentí el peso de la carta en mi bolsillo; la saqué y la miré, sus bordes ya estaban arrugados y gastados por tantas noches en mi mano. Era un símbolo de lo que nunca pude decirle, de lo que nunca ocurrió. Y en ese momento, me di cuenta de que la feria no era lo único que estaba terminando. También lo hacía mi esperanza de revivir algo que quizá solo existía en mi cabeza.

Las luces empezaron a apagarse una por una. El lugar que había estado lleno de vida y alegría durante toda la semana ahora se desmoronaba en silencio. Me quedé allí, viendo cómo todo desaparecía ante mis ojos. La carta seguía en mis manos, pero ya no tenía sentido. La apreté contra mi pecho, intentando guardar en ella todo lo que no había sido, todo lo que no había dicho. Y al final, cuando las últimas luces se apagaron, me levanté y caminé de regreso a casa, con el sabor amargo de una oportunidad perdida, de un encuentro que nunca sucedió.

Los días después de la feria se sentían extraños. La ciudad volvía a su ritmo habitual, pero yo seguía atrapado en esa última noche. Una tarde, mientras caminaba por las calles vacías donde antes había estado la feria, sentí el peso de la realidad. El destino no había querido que nos encontráramos.

Me detuve en el lugar exacto donde la última noche había esperado verla por última vez. Cerré los ojos y, por un momento, imaginé que aún podía escuchar la música y ver las luces parpadeando a lo lejos. Pero todo era un eco lejano, una sombra de lo que había sido. Y me di cuenta de que el problema no era la feria ni el destino ni siquiera el tiempo. El problema había sido yo. Mi miedo a enfrentarla, a entregar esa carta, a descubrir que quizá ya no sentía lo mismo.

El arrepentimiento comenzó a pesar más que cualquier otra emoción. No era solo el hecho de no haberla encontrado, sino el haber dejado pasar tantas oportunidades a lo largo de los años. Las veces que estuve cerca de decirle lo que sentía y no lo hice, las ocasiones en las que pude haber hecho algo y, sin embargo, me quedé en silencio, esperando que las circunstancias me dieran una señal.

Una tarde, días después de acabar la feria, me senté en el parque donde solíamos vernos cuando éramos niños. Saqué la carta del bolsillo. La abrí lentamente, leyendo las palabras que había escrito con tanto cuidado. Después de leerla una última vez, me quedé sentado con la carta en mis manos. Era un pedazo de mi pasado que me aferraba con demasiada fuerza. Sabía que, para seguir adelante, tenía que dejarlo ir. Miré hacia el cielo, dejando que el aire fresco de la tarde me envolviera. En un impulso, arrugué la carta y la dejé caer al suelo.

Sentí una liberación al hacerlo, pero también una tristeza profunda. Había llegado el momento de soltar, de dejar atrás lo que nunca fue, y de aceptar que algunas cosas no estaban destinadas a suceder. Me levanté del banco y me alejé, sin mirar atrás. Mientras caminaba, supe que no sería fácil dejar de pensar en Lucía. Pero, por primera vez en mucho tiempo, me sentí listo para intentarlo. El mundo seguía adelante, y tal vez, era hora de que yo también lo hiciera.

Hoy, sigo guardando en secreto esa carta.

Escapar sin escapar

El pasado agosto prometía un respiro. Después de semanas inmerso en la rutina, decidí tomarme unos días para salir de la ciudad y cambiar de ambiente. Mi destino era Olula del Río, un pequeño pueblo en la Serranía de Almería, donde viviría el verano con una amiga que hace tiempo no veía. Necesitaba esta pausa. Un tiempo sin el peso de los recuerdos y sin sombras del pasado acechando en cada esquina.

La travesía no fue breve. Primero tomé un autobús hasta Almería y luego debía esperar casi tres horas para la conexión hacia Olula. Me dejé caer en una de las sillas de la estación, mirando alrededor y pensando en qué hacer hasta que saliera el siguiente autobús. Decidí perderme por las calles de Almería; un lugar desconocido donde sentía que podría camuflarme entre el bullicio de la ciudad y sus turistas.

El centro de Almería estaba vivo. El sol caía fuerte y las sombras de los edificios ofrecían pequeños refugios para los caminantes. Las calles, con su arquitectura antigua y paredes encaladas, me recordaban al lugar donde me crie, pero a la vez, había algo fresco y diferente. Era un placer estar en un lugar donde nadie me conocía. Mi mente vagaba libre, sin la carga de los recuerdos. Me permití caminar sin rumbo, disfrutando del mero hecho de avanzar, de perderme en una ciudad nueva.

Pero entonces, ocurrió.

Giré en una calle estrecha y ahí, en la acera de enfrente, vi un letrero: una peluquería. Pero no era cualquier peluquería; llevaba su nombre, el de Lucía. Mi cuerpo se tensó de inmediato. Era solo una palabra, solo un nombre, pero ¿cómo podía ser que, en medio de un intento de escape, ella volviera a aparecer?

Me quedé clavado en el lugar, mirando el letrero con el nombre que había grabado en mi mente hacía años, un nombre que conocía tan bien como el mío. Sentí una punzada de nostalgia mezclada con un amargo toque de ironía. Me había ido de mi ciudad para alejarme de ella, para escapar de los lugares que evocaban su recuerdo, y ahora, en una ciudad desconocida, me encontraba con su presencia en algo tan mundano como un cartel de peluquería.

Durante unos segundos, el mundo desapareció. Era como si las risas de los turistas, el murmullo de las calles y el ruido de los coches se apagaran. Mi mente me jugaba una mala pasada y, de repente, me encontré recordando las veces que caminábamos juntos después de clases, sus bromas y aquella risa ligera que hacía que los días pesados fueran soportables. Intenté recuperar el control, obligarme a recordar que estaba allí para despejarme, pero algo en mí se resistía a abandonar el recuerdo.

Finalmente, di media vuelta y seguí caminando, pero el encuentro había dejado una marca. Me costaba aceptar que, sin importar cuánto intentara avanzar, ella seguía aferrada a mi vida de alguna forma. Era como si Lucía se hubiera convertido en un fantasma que no podía expulsar, un recuerdo que aparecía sin previo aviso, dejando tras de sí un rastro de anhelo y confusión.

Caminé un rato más, tratando de despejarme, pero la sensación de que ella estaba en todos lados, que siempre la encontraba en los lugares más insospechados, no me abandonaba. No importaba cuánto me alejara; de alguna forma, ella siempre parecía estar cerca, como una sombra que no se disipa con la distancia.

Llegué de nuevo a la estación, esperando el autobús que me llevaría a Olula del Río, y me dejé caer en una de las sillas. Miré el reloj, sintiendo que esas tres horas se habían transformado en algo más profundo que una espera. Miré a mi alrededor y respiré hondo. Puede que estuviera huyendo, pero comprendí que el verdadero escape no estaba en el cambio de lugar, sino en encontrar una forma de hacer las paces con lo que ya no estaba.

Entre sombras y vistas

Olula del Río resultó ser un lugar encantador. Las montañas se alzaban imponentes alrededor del pueblo y la tranquilidad se sentía en cada esquina; en el aire fresco y en los caminos polvorientos que parecían detenerse en el tiempo. Mi amiga y su pequeña me recibieron con sonrisas y abrazos. No podía pedir mejor compañía para aquellos días de descanso. Entre risas, juegos y conversaciones, el pasado parecía desvanecerse un poco. Empezaba a sentir que el viaje había sido una buena idea.

Me alojé en un hotel sencillo, pero acogedor, con vistas a un jardín que parecía sacado de un cuento. Desde mi ventana, cada mañana veía cómo el sol iluminaba los arbustos y las flores, como si todo estuviera diseñado para inspirar serenidad. La paz que sentía allí era real. Por primera vez en mucho tiempo, sentí que podía disfrutar del momento sin el peso de las preocupaciones.

Uno de esos días en Olula, mi amiga Inma me invitó a conocer su casa. Era una oportunidad para descubrir más de su vida cotidiana, un espacio más íntimo y personal. Había sido una gran compañía durante el viaje y, aunque sabía que tenía su propio carácter, nunca me había imaginado todo lo que vería aquel día.

Al llegar, me mostró la casa y luego me invitó a subir a la terraza. «Ven, la vista desde arriba es increíble», me dijo, y sentí esa emoción de llegar a un lugar alto, desde el que poder observar todo. Pero antes de subir, noté cómo se detenía en la cocina y, con una cuchara y una calma extraña, quemaba un pequeño polvo oscuro. Mis ojos lo siguieron sin entender del todo qué estaba haciendo, pero pronto la vi inhalar el humo de manera decidida. La escena se me hizo irreal, como si el tiempo se hubiese detenido en esa cocina, con ella perdida en sus propios rituales y yo observando desde una distancia que sentía más amplia que nunca.

La imagen me dejó una sensación de desconcierto que intenté disimular. Subimos a la terraza, donde ya la esperaba una amiga, y se pusieron a fumar porros mientras charlaban animadamente, como si todo aquello fuera parte de una tarde normal. Intenté unirme a la conversación, pero pronto descubrí que yo estaba en otro lugar, en otro estado de ánimo. Mi mente empezó a divagar mientras miraba las vistas desde la terraza.

Desde allí, el pueblo se extendía a mis pies, con sus calles tranquilas y sus techos rojizos. Me apoyé en la barandilla y, sin darme cuenta, me encontré pensando en Lucía. Recordé cómo solíamos buscar pequeños lugares para alejarnos del bullicio, espacios donde podíamos simplemente disfrutar de la compañía mutua y hablar de todo y de nada. Me pregunté si, en aquel momento, ella estaría pensando en mí o si mi recuerdo sería solo una sombra que desaparecía lentamente con el paso del tiempo.

Mis pensamientos iban y venían, oscilando entre los recuerdos de lo que había compartido con Lucía y la realidad que me rodeaba. Sentía cómo una brecha se abría entre yo y mi amiga, entre mis valores y la desconexión que parecían buscar todos a mi alrededor. Por un momento, dudé de si estaba siendo demasiado rígido, demasiado nostálgico. Quizás me aferraba a un pasado que ya no existía, mientras el mundo avanzaba sin mí.

Mientras ellas reían y fumaban, yo permanecía callado, atrapado en una mezcla de nostalgia y confusión. Me di cuenta de que, a pesar de querer experiencias nuevas, había algo en mí que no encajaba en ese ambiente. Mi mente seguía aferrándose a un ideal de sencillez, a la compañía sincera que había compartido alguna vez con Lucía, y me sentí como si estuviera en un lugar al que nunca había pertenecido realmente.

Al final de la tarde, bajamos de la terraza y me despedí de ellas con una sonrisa. Regresé al hotel, llevándome conmigo un extraño sentimiento de lejanía, como si el viaje no solo me estuviera alejando físicamente de mi ciudad, sino también de las personas que habían compartido esos días conmigo. Esa noche, mientras me acostaba, sentí que la imagen de Lucía, lejos de desvanecerse, cobraba más fuerza en mi mente, recordándome lo que realmente importaba en medio de todos los cambios y las distracciones.

La noche en el bar clandestino

El viaje a Olula del Río estaba por llegar a su fin. Mis días allí habían sido tranquilos, llenos de momentos agradables junto a mi amiga y su pequeña. Era el tipo de escape que había estado buscando, lejos de las complicaciones y el peso de los recuerdos. El penúltimo día, mi amiga me propuso salir a un sitio diferente. «Vamos a un lugar interesante», me dijo con una sonrisa, y me dejé llevar por la curiosidad.

Me contó que iríamos a un bar clandestino, un lugar especial que pocos conocían. La idea me entusiasmó; imaginaba un sitio donde podríamos jugar al billar, beber algo y charlar sin prisa. Al llegar, el ambiente era distinto a lo que imaginaba, pero la emoción del momento me hizo ignorar esa pequeña alarma en mi mente. Era un sitio discreto, con una puerta sin letrero y una atmósfera cargada de misterio que le daba un aire de aventura.

Dentro, el ambiente se iba volviendo más denso a medida que avanzaba la noche. Mis amigos y yo estábamos en la barra, charlando y riendo, cuando vi cómo, poco a poco, algunos de ellos comenzaron a dirigirse hacia una sala trasera, entre ellos mi amiga y su novio. «Vente», me dijo ella, haciéndome una seña para que los siguiera. No sabía qué esperar, pero los seguí, asumiendo que la noche estaba por volverse más interesante.

Al entrar en la sala grande, mis expectativas de una partida de billar o una conversación relajada se desmoronaron. La luz tenue y las sombras en las esquinas le daban un toque clandestino al espacio, pero no era eso lo que más me sorprendió. La gente a mi alrededor, incluida mi amiga, comenzó a sacar pequeñas bolsitas blancas. Mi sorpresa se mezcló con incredulidad al ver cómo, uno tras otro, preparaban líneas de cocaína. Era la primera vez que veía algo así.

Me ofrecieron una línea. «¿Quieres?», me preguntaron con una normalidad que me descolocó. Les dije que no, tratando de mantener una expresión tranquila, aunque por dentro algo en mí había cambiado. La noche siguió su curso, pero yo solo me quedé con mi vaso, observando cómo el ambiente se volvía cada vez más frenético, cómo las risas y las miradas se perdían entre tragos y líneas.

Era como si el bar se hubiera convertido en otro mundo, uno donde yo me sentía cada vez más ajeno. Observaba a mi amiga, alguien con quien había compartido tantos momentos simples y sinceros, y no podía evitar preguntarme si la conocía realmente. Ella y los demás parecían perdidos en un frenesí, sumergidos en una diversión que me resultaba distante y extraña.

Pasé el resto de la noche bebiendo solo, viendo cómo todos a mi alrededor se sumergían en esa euforia artificial que yo no entendía. Las horas pasaban lentamente y sentía cómo se alzaba un muro invisible entre ellos y yo, como si estuviéramos en realidades diferentes. En ese momento comprendí que, aunque buscara escapar de mis propios pensamientos y rutinas, el mundo que realmente deseaba no estaba en esos excesos, sino en algo mucho más sencillo y auténtico.

Cuando finalmente nos fuimos del bar, el aire fresco de la madrugada me devolvió algo de calma. Regresé al hotel con la certeza de que, aunque la vida pueda dar giros inesperados, soy yo quien elige qué camino tomar. Aquella noche en el bar clandestino me hizo entender que, por mucho que busque experiencias nuevas, hay ciertos límites que no cruzaré, porque la verdadera libertad reside en mantenerse fiel a uno mismo.

Destinos cruzados

A mitad de mi estancia, una sombra se cruzó en mi camino y la calma se convirtió en sorpresa. Un día, mientras paseábamos, una patrulla de la Guardia Civil apareció de repente. Uno de los agentes, tras verificar mi identidad, me pidió que lo acompañara al cuartel. Mi corazón empezó a latir con fuerza, y el primer pensamiento que vino a mi mente fue que se trataba de una confusión.

Al llegar al cuartel, los guardias me explicaron que mi nombre había saltado en sus registros al hacer el *check in* en el hotel. Según ellos, existía una alerta activa relacionada con un caso de estafa en el que, aparentemente, yo figuraba. Escuchar aquello me heló la sangre. Había venido a escapar del pasado, pero parecía que el pasado no quería soltarme.

Intenté explicar que no tenía relación alguna con esa acusación. Los agentes, amables, pero firmes, insistieron en que debía aclarar la situación. Me dieron un número de teléfono al que debía llamar y me explicaron que también había una citación pendiente en un juzgado en la ciudad donde se cometió el delito.

Sentado en una pequeña sala del cuartel, marqué el número con manos temblorosas, cada tono de llamada se sentía como una eternidad. Al otro lado de la línea, una voz respondió de manera protocolaria. Expliqué la situación y, tras unos minutos de consulta, la persona en el teléfono me tranquilizó: «No te preocupes. Tenemos tu caso registrado, y ya no puede causarte problemas».

ME ESCRIBO PARA NO MORIR

Aunque sentí un alivio inmediato, la experiencia me dejó pensativo. No importaba cuánto intentara avanzar; parecía que había cosas que no se podían dejar atrás, que seguirían presentes, como un eco lejano en la vida que uno intenta construir. Esa noche, de regreso al hotel, miré por la ventana al jardín, buscando recuperar la calma que el día me había arrebatado. Pensé en cómo los errores de los demás pueden repercutir en nuestra vida y en cómo los recuerdos funcionan de manera similar: están ahí, queramos o no, como una marca invisible que, de vez en cuando, decide manifestarse.

Al día siguiente, regresé a mi ciudad sin mayores complicaciones. La Guardia Civil me permitió continuar mi viaje sin más interrogatorios y, a pesar de lo inesperado del suceso, sentí una extraña calma. Había tenido una advertencia de lo persistente que puede ser el pasado, pero también la oportunidad de ver que el presente sigue siendo mío. Volvía con la mente más despejada y la certeza de que, aunque ciertos recuerdos y situaciones reaparezcan, no tienen el poder de definir mis pasos a menos que yo lo permita.

La noche de cumpleaños

Ese 2023, mi cumpleaños llegó rodeado de un ambiente de fiesta. Mis amigos insistieron en celebrarlo a lo grande, como habíamos hecho tantas veces: entre copas y risas en las salas vip de las discotecas. Cada noche juntos era una especie de ritual en el que las horas se diluían entre música y bebidas. Aquella noche, por ser mi cumpleaños, todo parecía multiplicarse. Sin embargo, detrás de cada trago y en cada charla animada, había algo que nunca me abandonaba, una especie de fantasma del que no podía desprenderme, el recuerdo de Lucía.

A medida que la noche avanzaba, las copas empezaron a hacer efecto y, como siempre, terminé hablando de ella. Las palabras salían solas, y mi voz, antes festiva, bajaba de tono cada vez que pronunciaba su nombre. Mis amigos ya estaban acostumbrados a estos momentos, a que, entre risas y bromas, mi mente regresara a ella, y sabían que en algún momento de la noche me quedaría callado, mirando al vacío. Aquella noche no fue la excepción y, antes de darme cuenta, me encontré con lágrimas en los ojos, sintiendo que, por mucho que lo intentara, Lucía seguía siendo una sombra persistente en mi vida.

Al ver mi ánimo decaído, uno de mis amigos lanzó una idea que provocó las risas del grupo: «Como es tu cumpleaños, te vamos a dar un regalo especial», dijo, con una sonrisa cómplice. Entre todos empezaron a bromear, sugiriendo que el «regalo» sería una visita a uno de esos locales nocturnos donde la noche tomaba un rumbo distinto. «¡Nosotros te la pagamos!», decían, riendo y dándome palmadas en la espalda.

La idea me incomodaba, pero me dejé arrastrar por la inercia del grupo. Fuimos de un local a otro y, aunque algo en mí decía que aquello no era lo que quería, no supe decir que no. En el último lugar que visitamos, ya casi de madrugada, nos dijeron que teníamos que esperar un par de horas hasta que las chicas estuvieran disponibles. Agotados, decidimos hacer una pausa y parar en una cafetería cercana para desayunar.

Mientras estábamos desayunando, el cansancio y el exceso de alcohol empezaron a pasarnos factura. Algunos de mis amigos, en un arranque de irresponsabilidad, decidieron que no querían pagar la cuenta. En cuestión de minutos el ambiente se volvió tenso. La policía llegó y al pedirnos los documentos, me acordé de esa vez en Olula, cuando una alerta en su sistema me había llevado al cuartel. Di mi documentación con la esperanza de que todo estuviera en orden, pero una vez más, surgió un problema.

Uno de los oficiales me miró con curiosidad. «¿Tiene algún juicio pendiente?», preguntó, como si esperara una confesión. «No me suena», respondí con sinceridad. Sin embargo, su expresión no cambió. Tras un par de llamadas por radio, me informaron que debía acompañarlos a la comisaría, junto con uno de mis amigos. Me llevaron esposado, y sentí cómo el mundo se estrechaba a mi alrededor. Aquel era mi cumpleaños, pero la celebración había tomado un giro que no imaginaba.

Al llegar a la comisaría, me informaron de que había un caso de estafa con mi nombre implicado, aunque yo no tuviera nada que ver. A pesar de explicar que aquello era un error y que ya estaba «fichado», como me habían dicho en Olula, no me escucharon. Pasé casi todo el día en los calabozos, en una especie de limbo en el que no sabía si sería liberado o tendría que seguir lidiando con algo que no había hecho. La sensación de impotencia y frustración me invadió. Había pasado toda la noche con amigos, buscando desconectarme, pero el pasado volvía a acecharme como una sombra que no podía eludir.

Finalmente, me llevaron al juzgado, donde, tras una breve consulta, me soltaron al comprobar que mi caso ya estaba registrado y que no había ninguna prueba en mi contra. Respiré aliviado, pero la experiencia me dejó con un sabor amargo. Había buscado evadirme de mis recuerdos, de los problemas y de Lucía, pero la vida parecía decidida a recordarme que había sombras de las que no podría escapar tan fácilmente.

Al salir del juzgado, el aire fresco me devolvió un poco de calma. La noche de mi cumpleaños me había mostrado que, por mucho que uno intente escapar de ciertas realidades, hay aspectos del pasado y del presente que permanecen inalterables. Caminé solo por las calles, sintiendo que, aunque mis amigos y la vida nocturna me ofrecían distracción, necesitaba algo más profundo. Esa noche me hizo entender que la verdadera celebración que buscaba no estaba en el olvido, sino en aceptar lo que soy y lo que he vivido.

La banda del destino

Todo comenzó en mayo de 2023, cuando un amigo me propuso unirme a una banda de cornetas y tambores llamada Gitanos. Era una de esas agrupaciones que llenan de música las calles de Málaga en Semana Santa. Era una oportunidad que no me esperaba, pero apenas me lo propuso, supe que quería intentarlo. La idea de tocar y vivir de cerca la emoción de la Semana Santa, con sus procesiones y devoción, me intrigaba y emocionaba.

Desde el primer ensayo, me atrapó la energía de la banda. Las notas de las cornetas se alzaban en el aire y el retumbar de los tambores vibraba en el pecho, como si la música pudiera alcanzar y despertar algo dormido en el corazón de cada persona que escuchaba. Pasaron los días y me fui sintiendo cada vez más cómodo, encontrando un nuevo ritmo que me motivaba a dar lo mejor de mí. Durante un año entero, toqué en Málaga y en pueblos y ciudades cercanas; cada lugar y cada toque se sentía único, como si la música fuera un lenguaje nuevo en el que empezaba a expresarme.

Sin embargo, hubo algo más en esta experiencia que la hizo todavía más especial y, de alguna manera, casi irreal. Desde el primer ensayo, supe que la banda practicaba en la Cofradía de la Crucifixión, eso me sacudió como una señal del destino. Era la misma Cofradía de la que Lucía, la persona que llenaba mis pensamientos, el amor de mi vida, era hermana. Cada vez que tocaba en ese lugar no podía evitar pensar en ella, en cómo el destino me había llevado a ese lugar donde nuestras vidas parecían entrelazarse de una forma invisible, pero inevitable.

Al principio, la idea de estar en su Cofradía sin ella allí era extraña, casi como si invadiera un espacio sagrado. Pero poco a poco, sentí que la música me conectaba con Lucía de una manera inesperada. Cada vez que mi corneta sonaba, era como si mis notas llevaran en secreto su nombre, como si cada melodía que creábamos con la banda fuera un puente invisible que me acercaba a ella.

Los días de Semana Santa, cuando salíamos a tocar, sentía la emoción de saber que estaba formando parte de algo mucho más grande. Cada procesión era un encuentro entre la devoción y el arte. Una mezcla de música, fe y tradición que envolvía las calles y llegaba a cada persona. Y en cada marcha, en cada toque, no podía evitar preguntarme si, en alguna esquina o entre la multitud, Lucía estaría escuchando, tal vez sin saber que allí estaba yo, compartiendo una parte de su mundo.

El destino es extraño y a veces te lleva por caminos que nunca planeaste. Ese año en la banda de los Gitanos me dejó una lección, una conexión inesperada entre la música y el amor. Tocando en su Cofradía comprendí que, aunque nuestras vidas hayan tomado direcciones distintas, siempre habrá algo que mantenga vivo lo que siento por ella, como una melodía que sigue resonando en el fondo de mi corazón.

Conexiones perdidas

Llegó un momento en el que, entre la confusión de los sentimientos y la necesidad de descubrir lo desconocido, decidí dar un paso que muchos consideran un rito de iniciación. Una noche, como cualquier otra, después de tantas dudas, terminé en la casa de una mujer que me ofrecía algo que yo creía que necesitaba, aunque mi mente y mi corazón estuvieran en otro lugar.

Pasamos una hora juntos, y aunque no me esperaba tener la resistencia que tuve, la experiencia se sentía distante, como si en vez de estar allí estuviera viendo una película de alguien más. Mientras estaba con ella, mi mente viajaba a otro tiempo, a un lugar donde la única persona en mis pensamientos era Lucía. Todo se sentía tan desconectado, como si una parte de mí se negara a ser parte de aquello.

Cuando salí de esa casa, la noche parecía más fría y pesada. Caminé en silencio hasta mi casa, con una sensación de vacío que no esperaba. En mi mente se agolpaban preguntas, el arrepentimiento y una tristeza profunda. A pesar de lo vivido, no sentía que había pasado realmente por ese primer encuentro; me daba cuenta de que ese momento no era el que había imaginado, que no había sido el verdadero comienzo que esperaba.

Aquel episodio me enseñó que no es solo el cuerpo lo que importa, sino con quién conectas y cómo te sientes. Y aunque fue un paso en falso, también fue una lección más de que algunas experiencias necesitan algo más profundo, algo que no se puede comprar ni forzar.

La boda de mis pesadillas

Esa noche dormí intranquilo, sin saber que, en la oscuridad del sueño, se gestaba un escenario que parecía salido de las sombras de mis miedos más profundos. Me vi a mí mismo de pie, en un salón lleno de luces y decoraciones, rodeado de personas a las que apenas reconocía. Mi corazón pesaba, mis manos temblaban y mis ojos, llenos de tristeza, recorrían el lugar como buscando un escape imposible. Era el día de mi boda, pero en lugar de emoción, sentía una tristeza indescriptible y un profundo vacío en el pecho.

La persona junto a mí, mi supuesta prometida, no era quien yo anhelaba. Su rostro era una mezcla de indiferencia y expectativa y por mucho que lo intentaba, no podía encontrar en ella nada que despertara mis sentimientos. Sentía que me habían empujado hacia este matrimonio como quien es arrastrado hacia su propio final, una pesadilla de la que no podía despertar. Mi mirada buscaba desesperada algo que me rescatara, algún rostro familiar que pudiera devolverme la paz.

Fue entonces cuando vi a mi prima Cristina, mi confidente, entre la multitud. Su expresión reflejaba algo más que preocupación, era como si ella comprendiera el dolor que llevaba dentro. Caminé hacia ella, apenas consciente de mis pasos, y con un nudo en la garganta y los ojos empañados, comencé a contarle la verdad que me desgarraba por dentro.

—No puedo casarme con ella —le susurré entre lágrimas, mis palabras estaban rotas por el dolor. Ella, en silencio, asintió, dándome un espacio seguro para abrir mi corazón.

—Es a otra persona a quien realmente amo… Alguien con quien cada día sueño, alguien que hace latir mi corazón de una manera que no puedo ignorar —continué, cada palabra un paso más cerca de la verdad que tanto tiempo llevaba guardando.

Mi prima me miraba con ojos llenos de comprensión y lástima, pero también con un brillo de determinación que me hizo sentir menos solo en esa pesadilla.

Ella me tomó de la mano y me dijo con firmeza:

—Entonces tienes que decirlo. No puedes seguir adelante con esto. Te mereces una vida llena de amor verdadero, no una mentira.

Sus palabras fueron como un bálsamo en mi pecho, una chispa de valentía que empezó a arder en mí. Miré hacia el altar y luego de nuevo hacia mi prima, respirando hondo como si de pronto tuviera aire nuevo en los pulmones. Sin pensarlo más, me giré y caminé hacia el altar. Mis pasos resonaban en el silencio tenso de los invitados, cuando llegué frente a todos, mi voz se quebró al intentar hablar. Las palabras salieron envueltas en un susurro, temblando entre lágrimas.

—No puedo… No puedo seguir con esto. Lo siento mucho, pero no puedo casarme con alguien a quien no amo. Mis sentimientos están en otro lugar, con otra persona.

El murmullo de la multitud creció, pero ya no podía detenerme. Era como si mi corazón hubiera ganado la batalla sobre mis miedos. Me quedé allí, sintiendo las miradas de los asistentes como si fueran cuchillas, pero en ese momento, el único peso que me importaba era el que acababa de liberar.

Sin mirar atrás, salí del salón, dejando atrás la escena, las luces, las caras sorprendidas y el peso de una vida que nunca me pertenecería. La sensación de libertad que me embargó era tan intensa que sentí mis lágrimas convertirse en una mezcla de tristeza y alivio. Corrí hacia la persona por quien realmente latía mi corazón, la única que podía dar sentido a todo aquello que me había costado confesar.

Era un sueño, lo sabía, pero en ese instante sentí que lo que más temía perder no era a alguien, sino a mí mismo.

La llamada de medianoche

La llamada me pilló en plena calle. Era una de esas noches en que el silencio se sentía pesado. Necesitaba caminar para despejar la mente. Había pasado tiempo desde que había decidido dejar la banda de música y, aunque intentaba llenarme de otras cosas, el vacío de no formar parte de algo me perseguía.

El teléfono vibró en mi bolsillo y al verlo, vi el nombre de un amigo de la banda, el mismo que me había convencido para unirme. Contesté con curiosidad, sin saber que aquella llamada iba a cambiar mi vida.

—¡Lucas! —exclamó al escuchar mi voz—. ¿Estás ocupado?

—No, estaba… caminando —respondí, mientras su entusiasmo me arrancaba una sonrisa. Sabía que esa energía a esas horas solo podía significar que había algo grande.

Con esa risa suya de siempre, mi amigo me contó que acababan de terminar una barbacoa y mientras hablaban surgió una idea: estaban planeando formar un Grupo Parroquial. Pero no era solo eso; la idea era que algún día se convirtiera en una Hermandad. Me quedé en silencio, absorbiendo lo que me decía, y fue entonces cuando soltó lo que menos esperaba.

—Queremos que tú formes parte de esto, Lucas. Y no solo como un miembro más…, sino como el secretario. ¿Te animas?

Me detuve en medio de la calle, tratando de procesar sus palabras. Después de haber dejado la banda, sentía que no encajaba en ningún lugar. Pero esa invitación era justo lo que necesitaba, una oportunidad de ser parte de algo grande de nuevo. Ahí, parado en la calle bajo las luces amarillas, supe que no podía decir que no.

Acepté, y a partir de esa noche, mi vida tomó un rumbo distinto. En las primeras reuniones, nos sentábamos a hablar con entusiasmo, como si cada palabra nos acercara un poco más al sueño de ver nuestro Grupo Parroquial convertido en Hermandad. Las responsabilidades no tardaron en aparecer. Mi rol como secretario vino con desafíos, pero también me trajo una satisfacción que hacía tiempo que no sentía.

Conforme el tiempo avanzaba, el proyecto crecía, y cada persona que se unía traía algo especial. Aquellos amigos y compañeros del Grupo Parroquial se convirtieron en una segunda familia para mí. Ya no me sentía solo ni fuera de lugar; estaba rodeado de personas que compartían los mismos valores y que confiaban en mí para ayudar a construir ese sueño en común.

Ahora, cada vez que paso por las calles del barrio y veo la Hermandad formalizada, siento un orgullo inmenso. Este grupo es parte de mí, y yo de ellos. Cada reunión, cada evento, cada pequeña victoria es una señal de que aquella llamada de medianoche fue una de las mejores cosas que me ha pasado.

Aquella noche, en medio de la calle, sin saberlo, encontré el lugar al que pertenezco.

La guitarra de mis sueños

El año de mi cumpleaños número veintiséis me trajo una idea inesperada. Decidí comprarme una guitarra, un impulso que me llegó desde el fondo de mi corazón, como si fuera una promesa silenciosa para un momento que aún no había llegado. La imagen en mi mente era clara: allí estaba ella, frente a mí, mirándome con su sonrisa radiante, esa que hace que el tiempo se detenga. Imaginaba sostener la guitarra y tocar una canción, una que saliera directamente de mis manos y de mi corazón, dedicada solo a ella.

Pero la realidad fue otra. Desde el día en el que la traje a casa, la toqué una sola vez. Quizás era la falta de práctica o tal vez el hecho de tocarla me recordaba a la promesa que había hecho sin siquiera poder cumplirla. La guitarra fue quedándose en su rincón, como una especie de sueño aplazado, una promesa que aún esperaba a ser cumplida.

Las últimas navidades volví a desempolvarla, pensando en revivir esa imagen. Estaba con mi familia, y aunque no estaba ella, algo de su recuerdo me inspiró. Toqué algunas notas y, al sostener la guitarra entre mis manos, me surgió un poema. La idea de poder dedicarle una canción y expresarle con mis letras todo lo que siento por ella se encendió como nunca.

Después de esa noche, publiqué una foto con la guitarra y el poema en redes sociales. No sé si ella lo llegó a ver, pero, en el fondo, esa publicación era como un mensaje directo a su corazón. Cada palabra y cada verso nacieron de mi deseo de verla, de que algún día, por fin, esa guitarra volviera a sonar, no solo en una foto, sino en la realidad, con ella delante de mí.

Mientras la guitarra sigue guardada, la promesa permanece. Sigo esperando la oportunidad de tocar para ella, de mirarla a los ojos y que ella escuche, por primera vez, lo que nunca he logrado decir con palabras.

Entre pingüinos y reptiles

Mi aventura comenzó cuando decidí seguir lo que realmente me apasionaba: convertirme en Auxiliar Técnico Veterinario de Animales Exóticos y cuidador de animales de zoológico. Llevaba tiempo trabajando como especialista en otro ámbito, pero en mi corazón siempre supe que quería estar cerca de los animales, comprenderlos y cuidarlos. Así fue como, casi como si el destino lo tuviera preparado, apareció la oportunidad que tanto había esperado. Hoy, mientras avanzo en el segundo módulo de mis estudios, recuerdo la emoción de mis primeras prácticas, donde viví una experiencia única que me marcó profundamente.

Selwo Marina fue mi primer destino, y desde el momento en que crucé sus puertas, supe que era un lugar especial. El sonido del agua y el aire fresco impregnado de sal me envolvieron mientras recorría sus pasillos, descubriendo un nuevo mundo que hasta entonces solo había soñado. Los primeros días fueron intensos, llenos de aprendizaje y emociones. Me sentí como un niño en un parque de atracciones, pero también como parte de una gran familia que me acogía con los brazos abiertos.

Mi trabajo con los pingüinos fue una de las experiencias más entrañables. Al principio, los observaba en silencio, maravillado por su elegancia bajo el agua y su torpeza encantadora en la tierra. Aprendí a manejar con delicadeza su espacio, respetando su naturaleza y sus ritmos. Fue increíble ver de cerca cómo cada uno de ellos tenía una personalidad distinta: algunos se mostraban más curiosos, acercándose y observándome con esos ojos pequeños y profundos; mientras que otros parecían indiferentes, siguiendo su propio camino como si yo fuera parte del paisaje.

Me encargaba de preparar su comida y limpiar sus hábitats, pero lo que más me llenaba era la sensación de conexión con ellos. Había algo en la serenidad de esos momentos, en la quietud de su mundo frío y acuático, que me hacía sentir en paz, como si hubiera encontrado un lugar al que pertenecía. Fue trabajando con ellos donde realmente comprendí que, aunque mi papel era el de cuidador, ellos también cuidaban de mí, recordándome la importancia de la calma y la constancia.

Luego vinieron los reptiles. Trabajar con estos animales me llevó a un terreno completamente nuevo, donde la precisión y el respeto eran fundamentales. Cada movimiento debía ser calculado; me enseñaron a ser paciente y a valorar cada segundo. Estaba especialmente fascinado por las serpientes, esas criaturas enigmáticas que se movían con una gracia hipnótica. Había algo en la textura de sus escamas y en el brillo de sus ojos que me intrigaba profundamente.

Hubo días en los que pasaba largas horas observándolas, tratando de captar el secreto de su quietud y de su fuerza contenida. Al alimentarlas y limpiar sus espacios, sentía que formaba parte de un delicado equilibrio, donde cada gesto debía ser cuidadoso y respetuoso. Los reptiles no mostraban cariño de la misma manera que otros animales, pero era evidente que comprendían mi presencia. En esa aceptación silenciosa encontré una conexión inesperada y profunda.

Mi paso por Selwo Marina me transformó, y aún hoy sigo llevando en el corazón esos momentos. Pronto volveré para realizar las prácticas del siguiente módulo, donde me espera un nuevo desafío: trabajar con aves. La emoción de saber que tendré la oportunidad de estar cerca de estas criaturas tan libres me llena de entusiasmo y nervios. Cada animal en Selwo Marina me ha enseñado algo único. Estoy ansioso por descubrir lo que las aves traerán a esta experiencia.

Mientras miro hacia delante, recuerdo cada momento que viví entre pingüinos y reptiles, con la certeza de que elegí el camino correcto. Esta aventura es solo el principio y cada paso me acerca más a lo que realmente soy y a lo que quiero llegar a ser: un cuidador y amigo de los animales, alguien que entienda y respete sus vidas tanto como ellos me han enseñado a respetar la mía.

La búsqueda bajo el agua

Fue uno de esos sueños que te deja con el corazón latiendo aún al despertar, como si algo se hubiera quedado atrapado en las profundidades de esa visión nocturna. Me veía en una piscina, con una amiga y su padre, el césped fresco bajo mis pies, y yo con mis gafas de ver puestas, observando sin mucho interés el agua tranquila que reflejaba el cielo de un azul profundo. Sin embargo, algo me llamó la atención, un movimiento en el agua.

Allí estaba Lucía, de pie en la piscina, con su ropa puesta, como si estuviera buscando algo o a alguien en el borde, un anhelo reflejado en su mirada. Todo a mi alrededor se esfumó, y sin pensarlo dos veces me dirigí a la piscina, olvidando por completo que seguía vestido. Me quité la ropa con rapidez, quedando en bañador y me lancé al agua, sin apartar los ojos de ella. La urgencia me embargaba, como si no tuviera tiempo que perder. En cuanto estuve bajo el agua, nadé sin descanso por toda la piscina, buscando su figura entre las sombras acuáticas.

Cada brazada era una mezcla de esperanza y ansiedad, buscando encontrar su rostro, sus ojos que tanto había deseado volver a ver. Pero no estaba, como si se hubiera desvanecido en el agua sin dejar rastro. La sensación de vacío me envolvió y al salir a la superficie, volví al césped, a la tranquilidad inquietante de la tarde, donde mi amiga y su padre seguían como si nada hubiera sucedido.

Poco después, su hermano se acercó de pronto, alzando la voz, buscando enfrentarse a su hermana por razones que parecían

absurdas. Intervine, poniéndome de pie entre ambos, defendiendo a mi amiga de su ataque sin sentido. Pero en ese momento,
mientras lo hacía, un movimiento al borde de la piscina volvió a
llamar mi atención. Me giré y, para mi sorpresa, allí estaba Lucía,
de nuevo, mirándome, pero esta vez no estaba distante. Estábamos
frente a frente, nuestros ojos se cruzaron y el silencio se volvió
absoluto, como si no existiera nada más en ese instante.

Justo en ese momento, cuando parecía que finalmente podría
decir algo, que podríamos entendernos en medio de la calma, el
sueño se desvaneció. Desperté de golpe, el latido de mi corazón
aún resonando en mis oídos y la imagen de Lucía grabada en
mi mente, como un recuerdo vivo de una historia que todavía
seguía sin resolverse.

El retrato del ayer

Cada vez que busco algo en el cajón donde guardo mis recuerdos, inevitablemente encuentro el retrato de Lucía. Allí está, junto a mi prima Cristina y su hermana, las tres niñas sonrientes y ajenas a todo, congeladas en un instante de felicidad y despreocupación. Ese retrato me transporta de inmediato a un tiempo en el que ambos éramos niños, donde la vida era sencilla y la felicidad se encontraba en las cosas más pequeñas.

Mirar esta foto me llena de nostalgia; me hace revivir esos días y me trae consigo una pregunta que aparece cada vez más a menudo: ¿qué habría pasado si no me hubiera ido de su vida tan abruptamente? Si me hubiera despedido de ella, si hubiera encontrado la manera de quedarme a su lado, ¿habría cambiado nuestra historia? A veces, siento el deseo de regresar a esa etapa de inocencia, de evitar aquel momento en el que todo cambió, y en esos pensamientos, se mezcla el anhelo con la tristeza.

Ese retrato no es solo una foto; es un puente hacia todo lo que fuimos y lo que soñamos. Cada vez que lo encuentro, me recuerda que, en algún rincón del tiempo, fuimos felices siendo niños, y en mi corazón, ese momento siempre permanecerá.

Epílogo

A medida que el tiempo pasa, he aprendido que cada persona que se cruza en nuestra vida deja una marca única, una huella que permanece, incluso cuando la distancia o el destino nos separan. Cuando miro hacia atrás, veo un mosaico de recuerdos, emociones y aprendizajes. Lucía, mi primer amor, fue una chispa en mi vida que me hizo descubrir sentimientos que no conocía. A través de ella, aprendí la dulzura y, a veces, la amargura del amor, la alegría de compartir momentos sencillos y la tristeza de aceptar que algunas historias no son eternas.

Mis tíos, en su dedicación y amor, me dieron la estabilidad y el apoyo que necesitaba para entender qué significa pertenecer. Me enseñaron el valor de la familia más allá de la sangre. Su cariño incondicional fue un refugio que aún hoy, después de tantos años, me reconforta.

Mis amigos, como Gabriel, Parra y las personas que se convirtieron en familia elegida, me demostraron la importancia de la amistad. Ellos me ayudaron a ver que, a pesar de los altibajos, siempre es posible encontrar una mano que sostener, alguien con quien reír o simplemente alguien que nos escuche sin juzgar.

Y luego están aquellos capítulos difíciles, los momentos de soledad, de tristeza y de separación. Esos fueron los momentos en los que encontré la fortaleza que no sabía que tenía, la chispa que me llevó a expresarme a través del arte y la escritura. Cada trazo y cada palabra escrita fueron una forma de sanar, de entender quién soy y de honrar a quienes me rodean.

Hoy, «Aromas del pasado» es un tributo a todo lo vivido, a las personas que, de una forma u otra, han dado forma a mi corazón y a mi espíritu. Aunque las historias no siempre terminan como uno quisiera, cada experiencia me ha dado algo invaluable. Sigo adelante, llevando conmigo esas huellas en el tiempo, sabiendo que soy una suma de todos esos encuentros, y agradecido por el amor que, aunque a veces distante o en silencio, sigue presente en cada paso que doy.

Esta historia, que un día fue una herida abierta, puedo hoy compartirla gracias a una persona muy especial: Raven, el amor de mi vida. Desde el momento en que llegó, trajo consigo una luz que me ayudó a encontrar las palabras y la fuerza necesarias para terminar este libro.

Raven no solo es mi musa; es mi compañera, mi refugio y la razón por la que ahora puedo mirar hacia el futuro con ilusión. Su amor y su apoyo me han dado un propósito renovado. Con ella a mi lado, siento que estoy empezando a escribir la segunda parte de mi vida.

En esta nueva historia, contaré cómo su llegada transformó mis días y cómo, hasta el día de hoy, me hace sentir especial, amado y completo. Agradezco a la vida por haberme cruzado con ella, porque, gracias a Raven, he aprendido que siempre hay lugar para nuevos comienzos y que el amor, en sus formas más puras, puede ser el motor que impulsa nuestras historias más hermosas.

Ahora, con su apoyo y su amor, me preparo para escribir el siguiente capítulo, sabiendo que esta vez no lo haré solo.

Índice